韓国プロテスタントの
成功と失敗、
その欲望の社会学

市民K、教会を出る

KIM, Jun Ho
金鎮虎［著］
香山洋人［訳］

新教出版社

시민 K, 교회를 나가다
한국 개신교의 성공과 실패 그 욕망의 사회학
by 김진호

First published in Korea in 2012
by Hyeonamsa Publishing Co., Ltd.

Japanese translation rights arranged with
Hyeonamsa Publishing Co., Ltd., Seoul

Japanese translation
by Hiroto Kayama
Shinkyo Shuppansha, Tokyo
2015

日本語版序文

１９４５年、日本からの独立以後、朝鮮半島は東西対立の縮図であると同時に激戦場になった。１９４６年の調査によれば、アメリカ管轄下の朝鮮半島南部は77パーセントが親社会主義的傾向を帯びていた。マッカーサー司令部はこのような韓国社会を共産主義の拡張を阻むマジノ線、また原理主義的キリスト教国家として作りあげようともくろんでいた（これはアメリカ政府の意向とっていい）。このような米軍政府の意図にもっともふさわしい集団が西北地域出身の越南プロテスタント教会、特に長老教会だった。このような立場は１９４８年に建国された李承晩政権下の韓国政府にも継承された。当時韓国のプロテスタント人口は国民の３パーセントにも満たなかったが、米軍政期（１９４５〜１９４８）と李承晩政権期（１９４８〜１９６０）を経て世界最強の反共主義国家が誕生した。プロテスタントは韓国社会で最も影響力を持つ既得権勢力になったのである。こうしたプロテスタントの権力独占現象と理念的傾向は今も続いている。

１９６０年代初頭、クーデターによって誕生した朴正熙政権（１９６１〜１９７９）から、彼の暗殺以後執権した新軍部政権時代（１９８０〜１９９３）まで、韓国プロテスタントは空前絶後の急成長を遂げた。この時期、韓国社会は急速な経済成長を成し遂げたが、その主役は官僚集団、財閥企業、そして大型教会だった。韓国社会の経済成長とプロテスタントの教勢拡大はよく似ている。教会も国家も企業も、カリスマ的リーダーシップを持つ権力者が長期間独占的に権力を掌握し、全構成員の資源をすべて集中的に成長のためだけに投じた。その結果の劇的成長だった。

朴正熙大統領は暗殺され18年間の独裁は終わりを告げた。独裁者の死後、権力の空白を突いてまたもやクーデターで政権についた新軍部は、精神的には朴正熙の直系の子孫に他ならない。これは一種の変則的な政権世襲現象だ。この体制は1990年代初頭に至り市民の抵抗によって没落した。この間、ほとんどの財閥企業は三代目への世襲を安定的に行っている。しかし30〜40年に渡る独占的権力を維持した大型教会の場合、一部は世襲を行い、一部はそれを変則的に実現したが、全体として権力の入れ替えは順調に進んでいないのが現状だ。

このような権力入れ替えは1990年代以後の現象だ。この時期、政治的には民主化が定着し経済的には消費社会が定着した。こうした変化の中、自己決定権を重視する大衆は過去の大成長時代を主導した権力集団に対しかつてのように従順ではなかった。こうして社会的葛藤が高まると、教会は最も強い抵抗に直面した。1990年代中盤以後、教会は内的にも外的にも信頼を失墜し教勢減少に直面した。この時期、プロテスタントの歩みは海外宣教、政治勢力化、極右反共的行動主義に要約される。これらは危機に対する対応であり、このような歩みは市民社会の反感をいっそう深めたが、一方こうしたプロテスタントの極右化は民主化以後を引き継いだ右派政権の誕生に決定的に寄与したのであった。

１９４５年以後の韓国社会を理解する上で、プロテスタント教会がどこに立ち、国家や市民社会とどう関係を結んで来たかを理解することは非常に重要だ。本書はこのような問いに対する一つの答えを提供しようとしている。たとえそれが時事評論的な一つの作業に過ぎないとしても。

幸い本書は、過分な評価を受けた。そして本書を通して私は、プロテスタントの改革を夢見る一部の聖職者と神学者、信徒、そして多くの市民団体活動家たちと出会う機会を得た。さらにまたとない幸運が訪れた。こうして日本の読者とも出会うこととなったのだ。日本聖公会の司祭であり民衆神学研究者、私の親しい友人である香山洋人さんがこの本の翻訳を申し出て、『福音と世界』への連載と出版を新教出版社にかけあってくれたのだ。彼は教会の仕事とともに学位論文を準備するという多忙な日程にもかかわらず、几帳面な読解と翻訳を行った。本書の日本語版は香山洋人さんの労作だ。

去年の夏、対談のために一度だけ会った編集長の深谷有基さんは噂に違わぬ明哲だった。この出会いを通して、本書の日本語版連載と出版は私にとって安心なものとなった。そして一度もお目にかかっていないのだが、市場性の低い本、しかも他国の宗教現象を扱う本書の出版を決断し制作に尽力した新教出版社の代表と制作過程に関与したすべての方々にも敬意を表したい。

最後に、本書を読む日本の読者の皆さんに心からの感謝を伝えたい。この本に収められた単語、文章、そして行間を通して私はすべての読者と心の対話を交わしたい。

2015年1月

金 鎮虎

目次

[redacted]

2008 年、ソウル市庁前広場で開かれた保守系教団による復活祭連合礼拝の様子。

市民K、教会を出る

韓国プロテスタントの成功と失敗、その欲望の社会学

はじめに

神の退陣、神々の帰還

▼2005年国勢調査が語るもの

「信徒たちが教会を離れ始めている」。

2005年国勢調査を見たある牧師の言葉だ。自分がプロテスタント信者であることを明らかにしている人の数が、10年前に比べ約14万人減少した。全体の1・4パーセントに過ぎない小幅の減少に危機を叫ぶのは、彼がこの結果を重大な変化の一つの兆候ととらえたからだ。

戦闘的福音主義者の彼とは異なるが、僕もこの結果に注目している。2005年国勢調査の他の数値を見てみよう。プロテスタントの小幅な減少の他、仏教信者は微増、カトリック信者はおよそ倍増した。

カトリックのある論者は、信者数の増加とともに考慮すべきは主日のミサ出席率が極めて低調なことであり、それは在籍者の25パーセント前後に過ぎないと指摘する。仏教の場合も大差はない。周知のように、プロテスタント信者に比べ仏教信者が寺で行う活動はごくわずかでしかない。さらに仏教信者の中には他の宗教の活動に参加している場合も少なくない。これはカトリックや仏教の信仰や制度運営のスタイルにおいて排他的忠誠が強調されないことと関係があるだろう。

一方プロテスタント信者は信仰的諸制度に対する忠誠の度合いが高い。ほぼすべての信徒が週に一度以上教会の集まりに出席し、毎日これに出席する場合も少なくないし、教会外の公式非公式の信仰的集会への出席率もきわめて高い。さらに、葬儀や結婚式など家族の重要な行事はキリスト教式で執り行いたいという独占意識も著しく強い。また、寄付金の額においても、他の宗教や市民団体とは比べ物にならないほど大きいのがプロテスタントの特徴だ。

つまり、プロテスタント信仰は他の宗教に比べたいへん強いアイデンティティを強調する。それは閉鎖的で排他的だ。僕は、この点こそまさに近代韓国社会の一断面を如実に示す特徴ではないかと思う。やはり近代韓国社会も一つの価値のみを追求し、異質なるものに対し強引なまでに閉鎖的で排他的だった。つまりこのことは韓国のプロテスタントが近代韓国社会に最も似つかわしい宗教として制度化してきたことを意味している。ところが最近そのプロテスタント信者が減少しているという。だから僕はその兆候を暗示する2005年国勢調査の結果に大いに注目しているのだ。

▼「孤児意識」と信仰

最近の宗教人口の変化が意味するところを理解するためには、韓国の近代と宗教に関して考えておくべきことがある。韓国人にとっての近代体験は、突然激しい変動の渦中に放り込まれた体験であり、その激動の生とともに韓国的近代は誕生した。植民地、戦争、開発独裁、そして民主化、消費社会化、グローバリズムの奇妙な結合がもたらす欲望の噴出と市場万能社会など、わずか半世紀を経ずしてこれらすべての事件が一気に吹き荒れるように過ぎ去った。

この激動の時間が残した集団的傷跡には共通した何かがある。「孤児意識」とでもいうべきものだ。激しい苦痛の時が去り、残された傷の中を生きなければならない次の世代は、過去を憎悪し、過去が残した障害物、弊習のような文化、そして過去を生きた人々などを時代の反逆者とみなして清算せよ、と呼びかけられ動員された。いわば、父親を否定した子が自分のアイデンティティを見出そうとする過程といえばいいだろうか、もちろんその主体化の性格と内容は異なるとはいえ、こうして綴り合された「孤児たちの物語」がまさに韓国の近代だといっても差し支えないだろう。

こうした「孤児たちの社会」において、伝統は思考と行動の準拠にはなりえない。「孤児」というアイデンティティは伝統から自らを断ち切るところから始まるからだ。したがって彼らに残されたのは自ら努力して立ち上がることであり、彼らには「成り上がり」以外の道はない。言い換えれば、無一物からの成功、自らを根から断ち切った状態でひたすら成功のために生のすべてを投ずること、つまり継続する逆境の時間の中をひたすら生き延び、子孫にそれなりの遺産を残してやったと誇ること、韓国の近代を生き延びた人々の自画像の中にはこうした「自発的孤児意識」とも呼ぶべきアイデンティティが存在するはずだ。

ところで、こうした韓国的近代性に一番ふさわしい宗教は当然プロテスタント・キリスト教である。いかなる宗派も持ちえないプロテスタント的信仰の核心、それが「伝統の根絶」だからだ。韓国の教会は、信徒たちの強い忠誠心を維持するために伝統文化との断絶を強力に制度化した。

またプロテスタントが他のいかなる宗派とも明確に区別される要素に「成長主義」がある。神の祝福は世俗的な成功と直結し、聖霊はそうした成功のための信仰的道具に他ならない。こうして教会は量的成長のためにあらゆる資源を総動員する信仰的言説の制度を発展させ、大なり小なりすべての教会は心の中で大型教会を目指すことが日常となった。

つまりプロテスタントこそが韓国の近代化プロセスを共に生きた宗教、いやむしろ韓国の近代形成に決定的に寄与した宗教なのだ。いわばプロテスタントは「孤児たちの宗教」だった。こうしてプロテスタントは韓国近代の自発的「孤児たち」と苦楽を共にした。けれどもそれは残念ながら、「孤児たち」の自己確認を超え、さらに自己超越の体験へと導く省察の宗教ではありえなかった。

▼近代的神の没落

ところで2005年国勢調査がその兆候を示したように、韓国の市民社会はプロテスタント教会から撤収し始めている。高速成長の過程で整備された各種制度が問題化し、この時代に降りかかってきた。神学校を出た人々は赴任する教会がないために戦々恐々とする。多くの教会は財政赤字に苦しみ、無理に増築をした教会は不渡りを抱えている。さらに、10代、20代、30代、40代の信徒の減少率が際立っている。かつて教会を希望の場ととらえていた年齢層の人々が教会を離れている。

外部の視線も刺すように痛い。免税、牧師の世襲制など長年黙認されてきた慣行と弊習の問題が提起され、市民社会の一員として不適切だという批判が相次いだ。また、プロテスタント的布教の無礼さに対する公式非公式の批判が続出し、路傍伝道のみならず「祈祷院」や「精神療養所」のような社会施設の運営上の問題もマスコミの報道を通じて市民社会に暴露された。さらにはキリスト教系私立学校の宗教教育における人権侵害に対する議論、そして財政不透明性に関する批判が提起された。そんな中、韓国社会の守旧派集団としての政治勢力化を求めたキリスト教指導者層の行状は、政治に携わろうとする者としてあまりにお粗末だった。これらに対しテレビ、新聞、雑誌、学術誌など、大衆的なものから専門的なものまで多くのメディアがキリスト教の政治勢力化を論じ、その大多数は否定的なものとなった。

2011 年、ソウル市内の寺で入試を前に合格祈願する受験生の母親。

ある牧師は、教会の外で自分が牧師であることを明らかにするのがためらわれると告白した。それほど教会、そしてプロテスタントの聖職者と信徒たちは萎縮していた。信徒の中でも冷めた人々は先を争ってプロテスタント信仰を撤回し始めた。一部の大型教会を除き、ほぼすべてのキリスト教関連団体は続出する会員の離脱に深刻な危機を実感していた。そうした中、2005年国勢調査の結果が出されたのだった。

韓国の近代を象徴する宗教現象としてのプロテスタントはこうして危機に直面した。教会の外からプロテスタントの信仰を眺める多くの人々は今や「彼らの神」に対する敬意を失い、神の位相、神の権威主義的イメージを批判する書籍を熱狂的に読み漁っている。こうして、韓国の近代とともに歩み韓国的近代のメカニズムを主導してきた神は没落した。

▼時代錯誤な宗教

プロテスタント教会の危機が論じ始められた頃、しかし成長の鈍化が外からはさほど明らかではなかった頃、つまり1990年代の前半、新興宗教はもちろんのこと、仏教やカトリックまでもがプロテスタントを模倣する現象が生じた。その頃、プロテスタント各教団内部では危機論に対する問題提起が活発になっていたのだが。

仏教は多様な性格の法会を活性化させ、積極的に信者たちを寺に呼び集め、さらには都心の至る所に布教院を建てて人々の暮らしの近くへと接近していた。しかし問題はそれを具体化するアイテムにあった。たとえばそれは、「学業満願成就のための三千世界徹夜精進法会」のように、その多くは韓国社会の成功主義に寄生しそれをさらに煽るものだった。それ以外の様々な法会もプロテスタント顔負けの商業主義の露骨な表出である場合が多かった。

カトリックの場合、成功主義と排他主義的な教理が結合した信仰運動がかなりの勢いで活発になった。この点はプロテスタントとよく似ている。けれども1990年代以降、いち早く中産階級化することで知的な信仰文化を発展させていたカトリックは、1960～70年代の庶民的成功主義文化が残るプロテスタントとは様相が異なっている（最近ではプロテスタントも中産層的成功主義の性格が著しく強化される傾向にある）。後に詳述するが、このような変化は成功のイメージに関する全く異なる神学を生み出した。庶民的成功主義神学が、貧しさから豊かさへの暮らしの転換に焦点を当てそれを神の祝福と同一視するなら、中産層的成功主義神学は、すでに与えられた豊かさをいかにして維持するかという問題を神学化する。このような点でカトリックは後者により近いといえるだろう。

仏教やカトリックによるこのようなプロテスタント模倣の要点は、「成長／成功」にある。成長のための戦略は、プロテスタントにおいてそうであるように独善的で排他的な様相を生み出した。もちろんこうした模倣はそれほど効果的ではなく、仏教信者やカトリック信者の中で多数の同意と支持を得るには至っていない。けれども、宗教学者たちが指摘しているように、韓国の近代性に対する批判的省察を欠いた宗教は、今日においては時代錯誤と言わざるをえないだろう。

▼魂も取り換えろ！

韓国の近代は明らかに記念碑的な成功をもたらした。けれども最近になって多くの人々は、失敗のみならず成功もまた苦痛を生み出すという問題意識を持つようになった。今や韓国の近代は熱望の対象から省察の対象に転換している。１９９０年代以降、韓国の近代に対する数多くの検討と批評が続出したのはまさにこのためだ。

ところが宗教はといえば、相変わらず韓国の近代を「成長の記憶」としてのみ解釈している。ここに問題がある。市民社会は宗教のこうした時代錯誤性に容赦のない批判を加え始めた。近代韓国人の神体験を象徴するプロテスタント的神は、もはや清算の対象になった。そして今や他の宗教団体もその道を歩み始めている。

初体験の恍惚感は長続きしない。国家が先立って描いたグローバル化のバラのような夢、しかし、いかにも豪華だったバラの花束が実は造花だったという事実が明らかになるや、人々は世界資本の時の流れに荒々しく飲み込まれていった。

国際通貨基金（ＩＭＦ）統制下の企業に対する構造調整の過酷さのように、いや、それ以上に骨身にしみる「思考の構造調整」が始まった。再生産できないもの一切は怠惰であり、不必要であり、切り捨てるべきものとなった。魂の切開手術が始まったのだ。構造調整できない魂、「不必要なもの」が相変わらず悪性腫瘍のごとくこびりついた魂は、グローバルな時間の場における退場順位第一位だ。国内最高の財閥の総帥であり世界的企業の事実上の所有者でもある李健煕《イゴンヒ》は、グローバル時代を積極的にけん引してきた自らの経営原則をこう語っている。「女房と子ども以外、すべて取り換えろ」。

▼魂なき身体

"Ghost in the Shell." アニメ映画の伝説となった「攻殻機動隊」の英語名だ。この映画では「身体のない霊」、あるいは、この身体あの身体と渡り歩き、身体のあらゆる部分が交換可能な新たな存在が事件を導く。同様にグローバル時代の韓国では、「魂なき身体」の存在に関する神話が高速度で言説的権力を獲得している。再生産に有利な様々な思考の技術、他者の品性によって自らの魂を絶えず刷新することができる者、それでこそグローバル時代の勝者だという物語が武勇伝のように世に流れている。

韓国社会ではプロテスタントが退潮し、「近代の神」はその座を譲らざるをえなくなった。（プロテスタント的神観に現れた）排他的アイデンティティを強調する神、その神が閉じこもっていた魂は今や清算の対象となった。退去を命じられた神が存在に語りかけることはできない。沈黙する神は人々の魂の中で死んだ。

しかし、これがすべてではない。あまりに速く社会は変わっている。人々は速さにはそれなりに熟達していても、その速度に目まいを感じている。社会だけではなく、人々の魂も超高速変貌中だ。ところがいまだにその道筋は予測不可能だ。いかなる形式の制度化も到達点を見出しえないまま、際限ない交換の対象となる。それゆえ、人々は魂の刷新に総力を傾けたからといって安全なわけではない。いついかなる不幸にとらわれるか誰ひとり予測できない。ただ、新経営戦略の黙示録の「取り換えてこそ生きられる」の教えに従い、ひたすら駆け抜けるのみなのである。

素早い変化の前で、魂の中の固着した何かを取り除いてこそ生き残りの道が開かれる、という社会の中で、人々は様々な「だしぬけ」の災難に直面する。予測することも、統制することもできず災難は迫りくる。このような「無差別危険社会」において災難を、あるいはその予感を経験しながら暮らす人々は再び宗教を求める。存在に語りかけ慰めを与えてくれる神が必要だ。神々が帰還しているのだ。

▼神再臨の場

苦しみに耐えるとき、人は「宗教的」になる。特に、苦しみを避けるすべを自ら見出しえない時にはなおさらだ。こうして社会の不安定性が高まり、災難がいつ襲ってくるか、どうすればそれを避けられるか予測できない時、社会の宗教的傾向は急上昇する。計算が意味をなさない状況において、情熱的感性が現実を耐えるための主たる動力となる。この情熱的感性は、集団の結束力を最大限に引き出し、共同の行動を組織するための核心的エネルギーだ。この集団はそれぞれ自分たちなりの解釈を熱烈に試みるのだが、その解釈が互いにコミュニケートしつつ共同体を結束させ行動を組織するのではなく、熱狂的で情熱的な共感がそれを可能とする。知的なコミュニケーションはなくただ情緒的共感の精神だけがあふれる現象、それがまさに僕が言うところの「宗教的」なるものの核心だ。
人々は宗教的なのだが、しっくりくる宗教がない。韓国的近代というものを誰よりも体現したプロテスタント・キリスト教は、隣人との分かち合いを嫌う高度に排他的な神に仕えている。さらには隣人を攻撃し、自らの分身に仕立ててこそ存在感を確かめる神の宗教だ。さらには、プロテスタントだけではなくカトリックと仏教にもこれに真似ようとする雰囲気があふれるありさまだ。

先ほどのグローバル時代の新経営戦略によれば、自分自身の確固不動たるアイデンティティまでも取り替える「魂の市場化」が求められている。自らを明け渡し、他者の考えによって満たせということだ。それでこそ他者の趣向に寄り添うことができ、消費を最大限に活性化することができるのだという。排他的神、その確固不動たる本質が成功の大前提だった時もあったが、今やそうした自分自身の確固不動たる考えを清算してこそ自らも幸せになれるのだという。

このような魂の市場化は、排他主義的アイデンティティを手術台の上に載せ切開しようとする。ところがここには但し書きが付けられている。人は自分のアイデンティティに対する構造調整を迫られたとき、魂の市場化によるものと思いたくはない。人は、排他主義は「悪い品性」だという人文学的批判をすでに身にまとっているからだ。

それでも、支配的な宗教は相変わらず排他主義的神を崇拝する。この時代錯誤性のおかげで、たとえ人々は宗教的であってもしっくりくる宗教がないという現象が生じている。

2008 年、米国産牛肉輸入反対キャンドル集会に集った市民。

まさにこの時、信仰のオルタナティブのための多様な試みが活発化する。

▼市民宗教の発見――キャンドル儀礼

２００２年6月、在韓米軍の装甲車が二人の韓国人女子中学生を圧死させた。この事件を糾弾するキャンドルデモが、この年11月以降、数度に渡って全国的に行われた。これ以降、「キャンドル」は広範な大衆的デモの儀礼様式として定着した。特に、２００８年アメリカ産牛肉の輸入反対に関連して行われた「狂牛病キャンドル集会」はその頂点といえるだろう。

２００２年、団体旗論争の発端となった、いわゆる「運動圏」が主導した一連のデモに対する批判言説は、２００８年に至ってほぼ一般化したと言っていいだろう。〔「団体旗論争」＝既存の社会運動団体は団体旗を掲げ集会の前方に陣取るのを常としたが、この時、個人参加の市民や学生が集会後方から「旗をどけろ」と叫び、既存の社会運動に対する批判が巻き起こった。「運動圏」＝労働組合、学生運動組織など既存の社会運動団体の総称。〕これは、これまでの韓国民主化運動が定型化してきた抵抗の人的・精神的遺産に対する拒否を含んでいる。１９８０年代の民主化運動は科学主義的情熱、すなわち強度の知性主義を土台としていた。ところが最近のキャンドル集会は知性よりは感性と情熱を中心に統合された行動だ。数多くの解釈が現れ、時には激しい論争にまで至ったが、それらの解釈が人々を結束させたのではなく、憤怒がその機能を果たしたのだった。

ところで興味深いのは、数十万の大衆を一つに結束させたあの炎のような憤怒は、よほどのことではない限り、限られた時空間の境界を超えることはないということだ。互いに暗黙のうちに約束した時間にだけ憤り、その後は落ち着いた日常へと舞い戻る。またその空間から解散する時は自らの憤怒の痕跡を掃除さえする。あたかも、情熱を噴出させる熱狂的礼拝を終え、まるで何もなかったかのように落ち着いた表情で日常へと復帰する人々の姿のようだ。

では、この憤怒の正体とはいったい何だろう。在韓米軍装甲車事件や狂牛病肉輸入のような事案であれば明らかな憤怒の対象だ。けれどもそれらは表面的なきっかけにすぎなかった。不条理な事案として判断されれば、それがすなわち集団行動をもたらすのではない。それを可能とする中間段階の装置が必要だ。たとえば、ネット空間における短時間で圧縮的かつ多重的に生じる激烈な討論は、公憤を集団行動へと転化させる媒介の役割を果たす。しかし、より深い次元において、社会的な事案に公的な憤怒を表出可能な「スタンバイ」状態の魂が存在しなければそれは不可能なことだ。

このような公的憤怒の正体は、グローバル時代における光速の変化が、かつての時代精神を身にまとった真理、神、その絶対的なものどもを解体してしまったことと関連している、と僕は考えている。人は、深い泥沼にはまったかのように抜け出せない、高度な危険社会の沼地へと放り出されているのだが、それらの危機に耐え抜くだけの論理的内的価値の準拠が失われている。言うならば、人々の心は存在論的危機（ontological crisis）の状態に置かれている。このように、今直面している苦痛がかつてのそれよりも大きいからではなく、苦痛に耐え抜く内的解釈体系を失ったことで、現代人の苦痛は他の時代の人々に比べてより深刻なものとして体験されている。

苦痛は次第に憤怒として表現される。怒りを爆発させる対象が必要だ。そこに公的憤怒の対象が現れる。個々に怒りを爆発させるのではない、集団的な公憤の対象が現れたのだ。こうして私的な心の状態は次第に公的憤怒に、それを行動に移す内的エネルギーとして作用し始める。僕が「韓国の市民宗教」と呼んでいる現象は、まさにこのような状況において人々が自らの憤怒を表現する公共的出口を見出したことを指している。グローバル時代の宗教の危機にあってオルタナティブな信仰を見出そうという試みの一つ、それが、宗教制度の外側、市民社会の領域において生じた宗教的現象、すなわち市民宗教と呼ぶべきものの正体だ。

この時代、人々の生は苦痛に覆い尽くされている。この苦痛は予測も解釈も許さないいま人々の生を破滅の危機へと追いやっている。この正体なき危機の前に憤怒は湧き起こる。けれどもいったいどこに向かって、誰に向かってこの怒りをぶつけろというのか。この時ちょうど社会的、国家的スキャンダルが生じた。市民の私的な憤怒を結束し公的憤怒へと転移させるにふさわしい事件だった。

ところで、この転移を解釈する確固不動たる真理の体系、あるいはそうした神託を下す絶対的な神は魂の座から退去させられている。だから人々は、公的憤怒を表現したくても何らかの真理の内容、あるいは一人の神の託宣に従って結束することができない。こうして無数の解釈が互いに論争を繰り返した。ところが解釈は異なっても彼らを一つに結び合わせ行動へと導く何かがある。宗教的儀礼がその一つだ。儀礼は思考を合体させることにおいては効果的ではないが、行動を共有する感情の合体を生み出す装置だ。こうした状況で偶然にも発見されたのがキャンドルデモ、いや「キャンドル儀礼」だ。キリスト者たちが情熱的に礼拝をささげるように、人々は情熱的にキャンドル儀礼に参加することで私的憤怒を公的憤怒として集結させ、それを集合的に消費する時空間的場を発見した。韓国の市民宗教はこうして発明されたのだ。

▼その「宗教性」が忘れ去ったもの

僕の見立てが正しければ、近頃発明された韓国の市民宗教はグローバル時代の人々が霊的・存在論的混乱をやり過ごすための素地となっている。内的準拠がなくなったことでより深刻に体感される苦痛をやり過ごすために、人々は極端な行動に出る可能性が高まった。たとえば革命に参加するとか、自ら命を絶つとかだ。一方、宗教儀礼は革命や自死のような極端な行為を現実にではなく象徴的に行為化する。こうして市民宗教は個々の憤怒を十分に引き受け、その危険性を最小化する。

けれどもキリスト教の礼拝がそうであるように、感情が過度にあふれる宗教的な集団行動は知的な思惟に催眠をかけてこそ効力を生み出す信仰様式だ。解釈が過度に溢れる社会も問題だが、感情的共感が過度な宗教はイベントが乱舞する社会、省察の欠如した社会へと僕たちを追い立てるかもしれない。制度宗教内で生じる信仰のイベント化もそうだが、制度宗教外で生じる市民宗教的現象も感覚的な反応にだけ敏感な人間を作り出す。最近、国家の機構や地方自治体などをはじめとして、いわゆる政治エリートたちが与野を問わず競うようにイベント政治に没頭している。視覚的メディアが発達しすぎたことの副作用だろう。韓国の市民宗教も、こうした様相を省察する市民的能力を強化できずにいる。

知的討論は僕たちを合意の美徳へと導く思考の分かち合いの道具だ。また感性的共感は抱擁の美徳へと導く心の分かち合いの道具だ。つまり、これら二つの要素がうまく合流した市民宗教あるいは市民社会こそ、僕たちが志向すべき未来のビジョンだといえるだろう。けれども今日、僕たちの市民宗教はむしろそうしたビジョンの妨げとなっている。

本書は、グローバル化時代を迎え、近代的神が退去し、その空席に新しい神々が到来する場面、すなわち韓国的市民宗教が登場する場面から語り始めようと思う。この場面は、既存の宗教はもちろんのこと、その限界点において登場した市民宗教すら反省的視点を見出すことができないまま、進路を見失い彷徨する場でもある。僕はこの本で、宗教的諸行動がこのように進路を見失い彷徨する背景を問おうと思う。先述のように、韓国的近代性に遭遇した宗教、韓国近代の危機を共有してきたこの国の宗教の隠された物語こそ、僕が見るところ、その背景の正体だ。

プロテスタントの牧師の一人として考えるに、韓国的近代の要素を最も克明にあらわしている宗教はプロテスタント・キリスト教だといえるだろう。もちろん、韓国近代の弊害を最も赤裸々にあらわしている宗教という意味においてだ。そうした点で本書においては、韓国プロテスタントの歴史を、韓国近代形成との関連の中で語ることに焦点を当てることになる。そうすることで僕たちの過去と現在を批評的に解釈することが可能となるし、未来を省察的に展望しようとする僕たちの足元をすくいかねない宗教的感性を批判的に振り返ることができるに違いない。

そして最後に、オルタナティブな可能性の様々な兆候について物語ろうと思う。それはプロテスタント内部にすでに内蔵されていた要素であり、韓国社会内にあらかじめ存在したものでもある。ただ、僕たちは、発展に対する欲望に生け捕りにされている間、それらを見過ごしてきたに過ぎない。つまり、今日直面しているプロテスタント教会の失敗を振り返りつつ、すでに内蔵している何かを資源として僕たちが未来を想像するきっかけを見つけようとすること、これが本書の目的となる。こうして韓国のプロテスタントを含む既存の諸宗教、また市民宗教がさらに省察的になり、今後さらに何を考えるべきかに関する一つの参考になることを願いつつ本書を世に送りたい。

第1部　市民K、教会に行く——韓国プロテスタントの昨日

アメリカの霊としておいでになったんですね

韓国プロテスタントのアメリカ主義

▼新しい帝国アメリカの武器、キリスト教

アメリカは「ローマ帝国の再現」であり、それは軍事基地に依存する低級な軍国主義に過ぎない、と国際政治学の世界的権威であるチャルマース・ジョンソン（Chalmers Johnson）はアメリカの帝国主義的ふるまいを痛烈に批判する。それでもアメリカが「新しいローマ」として悪魔的生命力を持続させているのは植民地的宗教があるからだと、宗教社会学者であり世界的な聖書学者でもあるリチャード・ホースレイ（Richard Horsley）は主張する。これは、アメリカの駐屯地が外的軍事基地だけではなく、宗教的な心の内面に設置された「神聖なる基地」として存続しているからだ。そして、このような内面のアメリカ駐屯地、「神聖なる基地」の活動が世界でもっとも活発な場所こそ韓国のプロテスタント・キリスト教に違いない。

２００３年１月、キリスト教徒たちがソウル市庁前広場で大々的な親米集会を開いた。反米デモが連日行われ、在韓米軍撤収問題が大きく世論の後押しを受けていた時だった。世界最大のメソジスト教会牧師である金弘燾《キムホンド》は、ひどくしわがれた声を大きく張り上げた。それは英語だった。10万人（主催者発表）の群衆の前での祈りにもかかわらずだ。人々はどこで「アーメン」と合いの手を入れればいいのかわからず当惑した。けれども彼の関心は目前の群衆ではなくホワイトハウスに、その執務室で行われる祈祷会とともにある神、おそらくアメリカ国籍の「神」にあったのだろう。

分子生物学者の崔在天《チェジェチョン》は、チャールス・ダーウィン生誕二百周年に際して行われたあるインタビューで、韓国人にとってダーウィンがそれほど重要な人物として記憶されていない点に触れながら、東京大学の佐倉統《おさむ》教授の韓・中・日三国における進化論受容に関する論文を紹介した。これによれば、東アジア三国の中でただ韓国人だけがダーウィンを軽視したのだが、その理由はキリスト教（プロテスタント）にあるのだという。

これは韓国のアメリカ主義が、アメリカでも最も保守的なキリスト教右派勢力に追従していることを示している。それでは、こうした韓国プロテスタントのアメリカ主義がどのように定着し発展してきたのか、その原点ともいえる体験を明らかにすることから始めよう。

한미동맹강화
WELCOME
PRESIDENT
BUSH

▼アメリカ主義宗教の誕生、「平壌大復興運動」

１８９３年から１９８３年の間に韓国に派遣された宣教師のほぼ90パーセントはアメリカ人であり、その大部分はアメリカでも最も極端な根本主義的信仰を持つ人々だった。彼らプロテスタント宣教師たちは宣教地の分割協定を結んだが、この中でアメリカ宣教部に割り当てられた地域は朝鮮国土の71パーセントだった。当時は平安道《ピョンアンド》、黄海道《ファンヘド》を含む西北地域が信徒全体の80パーセントを占めていたが、中でも平安道はもっとも活発なプロテスタント信仰の牙城であった。注目すべきは、この地域はアメリカ人宣教師たちの影響が強く、彼らの活躍によって朝鮮全域におけるアメリカ人宣教師のヘゲモニーが確固不動たるものとなったという点だ。

それは１９０７年、いわゆる「平壌大復興運動」の効果だった。大復興運動に関するこれまでの研究では、この事件を１９０４年に勃発した日露戦争との関連において解釈することはなかった。けれども、日本軍の進軍ルートであった平安道地域で軍隊による暴力の被害を受けた人々が教会に来るようになったことが、復興運動の前史であったことに疑いの余地はない。

さらにさかのぼること10年、日清戦争の主戦場としてその虐殺の記憶を忘れられずにいた当地の人々は日本軍に対する深い恐怖心を持っていた。さらに、重要戦闘地であった遼東半島に進軍する日本軍の暴力もまた無慈悲だった。従軍記者たちの記事によれば、平安

（右頁）2008年８月、ソウル市庁前広場で開かれた愛国市民総連合主催のブッシュ前米大統領歓迎国民大会の様子。

1895 年、日清戦争に従軍したジョルジュ・ビゴーの「朝鮮を巡る日・清・露」。

道の一月、肉に食い込む寒さの中でも人々は村を離れて山中に逃げ込んだ。

アラン・スチュアート（Allan Stewart）、ジャック・ロンドン（Jack London）、ジョルジュ・ビゴー（Georges Ferdinand Bigot）など英米仏の従軍記者たちによる記事や挿絵、また当時の写真などを見ると、移動中の日本軍のなりふり構わぬ暴力が相当深刻であったことが推測される。

ジャック・ロンドンは日本軍が通過する町や村、田畑には人影がなかった点を指摘している（ジャック・ロンドン『ジャック・ロンドンが垣間見た朝鮮人』ユン・ミギ訳、ハヌル、２０１１）。彼はここで抵抗しない民の植民地的奴隷性を語っているのだが、彼の過剰ともいえる人民主義的イデオロギー偏向の裏側には、日本軍による暴力の実情がある。実際、スチュアートがスケッチした作品は日本軍が朝鮮人を処刑する場面を描き出している。またジャーナリストであり時事漫画家でもあったビゴーが１８９９年に描いた絵葉書には、日本軍と清軍が倒れた朝鮮人を踏みつけ、ロシアに向かって進軍する様子が描かれている。この地でわずか数年前に激戦を繰り広げた日清戦争（１８９４〜95）の記憶が、今ロシアに向けて進軍する日本軍の暴力と結びついている。

１９０４年初頭、冬に始まった戦争は厳しい風が吹きつける山中へと人々を追いやった。けれども人々は、戦争の間ただ隠れているわけにはいかない。こうして多くの人々は村に戻り、教会に身を寄せた。アメリカ人宣教師たちの空間である教会は自分たちを日本軍から守ってくれる安全な隠れ家だったし、教会は信徒たちに米を配ってもいた。つまり、僕たちが見過ごしてはならない事実は、教会の大復興はここから2年を経た１９０７年の大復興運動に始まるのではなく、まさに日露戦争の直接的産物であったという点だ（１９０５年、アメリカ人宣教師であり山亭峴《サンジョンヒョン》教会の主任牧師であったチャールズ・バーンハイセル C. F. Bernheisel は、１９０５年頃の顕著な数的変化についてたびたび言及している）。

アメリカ北長老会と北メソジスト宣教部間の宣教区域分割協定（comity agreements）は、中国に派遣されたアメリカ北長老会所属宣教師ジョン・リビングストン・ネビウス（John Livingston Nevius）が中国宣教に適用した宣教原則に基づいて結ばれた。これに従い、平安道地域はアメリカ人宣教師の宣教領土となった。当時朝鮮に入ったアメリカ人の中で最も多かったのが宣教師であり、中でも平安道地域では活動的だった。そのため在朝鮮アメリカ公使館の主たる業務は、宣教師たちの活動、特に平安道地域に派遣された宣教師を支援することにあったといっても過言ではない。さらに、平安道と黄海道地域に集中したアメリカ人宣教師たちが、当時アメリカで最も強力な教派であった北長老会所属であったことを勘案すれば、アメリカと非対称的関係にあった日本が朝鮮のプロテスタント、特に西

1907年、平壌大復興運動当時の宣教師モフェットと平壌女性聖書研究会。

北系プロテスタント宣教師と彼らの教会に対していかに慎重にならざるを得なかったかがわかる。朝鮮が日本の植民地となった後、平壌を訪れた駐日アメリカ人宣教師ジョージ・フルトン（George Fulton）はそこを「帝国内の帝国」と表現している。このことは、日本にとってアメリカのキリスト教空間が一種の治外法権的性格を持っていたことを示唆している。実際それらの教会は、十字架とともに星条旗を掲げることで日本軍が侵入できない場所であることを明らかにした。こうして身を隠すために教会を訪れた大衆は自らと家族の安全を保障することに成功した。

ところで宣教師たちが残した記録から垣間見ることができるのは、教会に逃げ込んできた人々は道徳的アノミー状態にあったという事実だ。共同体は、どん底にまで落ちた人々で満たされた。彼らは酒に酔い、家族や兄弟間で暴力をふるい、隣接する共同体を破壊した。ゆがんだ魂が互いにもつれ合う相互暴力的関係は、教会の中でも変わることがなかった。

しかし教会指導者たちは、彼らの傷をいやすことにさほど関心を示さなかった。ゆがんだ傷が生み出す葛藤と彼らの複雑な欲求を消化できずにいた宣教師たちの主な関心は、教会を統合することだった。彼らは社会的傷跡の原因を見出し手当するのではなく、小部屋にこもり祈祷会を開いた。心配が多いだけに彼らの祈りは切実になる。そしてある瞬間、その祈りの現場で突然火がついたように心が熱くなり、悔い改め運動が起こった。いわゆる「聖霊体験」が祈祷会参加者たちを包んだ。一人、また一人、次第に多くの人々が熱狂的雰囲気に引き込まれる。すぐに共同体全体を包む悔い改めと道徳覚醒運動が起こった。これがまさに「平壌大復興運動」だ。

熱い集会の熱気は人々の多様な傷を包み、渇望を満たすには十分だった。宗教的エクスタシー状態に至った大衆に教会指導者が要求したのは倫理だった。それは自らの過去との断絶を意味しており、また自分たちが信徒以外の者たちと区別され選ばれた存在であることを規定するしるしともなった。具体的な葛藤と暴力は罪、すなわち一般的な悪の現象として理解された。そして自らの罪は身体に対する自己卑下へと至る。このような集団的自己卑下は、同時に朝鮮人としての自分自身の文化的礎に対する憎悪へとつながる。今や朝鮮人の生は、信仰的分離実践の対象となった。人々はこうして自らと自らの文化に対する排他性を信仰によって解釈するようになる。そしてこの反対側には新しい身体としてのキリスト教的存在とアメリカ的近代性とがあった。

こうして罪の覚醒運動は一つの欲望へと転化する。宣教師たちはこうした欲望が投影された存在だ。19世紀末、アメリカで大復興運動を導いた大衆伝道者ムーディー（Dwight L. Moody）の復興運動に影響を受けた彼らマコーミック神学校出身者たちの信仰は、保守的信仰の中でも多分に反知性主義的であり、体験を重視する傾向を持っていた。そして彼らは、「野蛮な社会朝鮮」と「不信仰」を、「先進社会アメリカ」と「信仰」に対比させるという福音理解において、あまりにアメリカ主義的だった。

この知らせはいち早く広まった。こうして彼らの運動方式と信念の基礎もまた全国化した。今や西北系キリスト教の独特な体験は、地域や教派を問わず全朝鮮の信仰を特性化する一般化した原体験としての座を占めるに至った。ここで一つ付言すれば、この事件以降、西北地域の宣教師たちは神学教育の内容と形式、さらに牧師の任用に関する一切の権力を掌握したということだ。つまり、平壌大復興運動は朝鮮キリスト教の原体験となり、排他主義的信仰観を制度化するための精神的・物理的次元を宣教師たちが掌握するに至る直接的契機となった。

▼朝鮮の近代的信仰はいかにして作られたか

アメリカの宣教史に関する最近の修正主義的研究によれば、アメリカの国際政治的政策の形成において宣教師たちの役割はたいへん重要だったことがわかる。特に彼らが送った情報は、その地域に対するアメリカ市民社会の一般的イメージ形成において決定的であり、また、政治指導者たちの政策資料としても活用された。つまり、偏見に基づいた根本主義者たちの「純粋」な情報は、帝国としてのアメリカが行使する国際政治の手段となり、その間に「世論」という道具化された言説装置が作用することで、アメリカの市民社会が帝国主義の共謀者となったという構造だ。

ところで朝鮮に派遣されたアメリカ人宣教師の文献に垣間見られる朝鮮人イメージは、東アジア三国の間で最も否定的であり、朝鮮人は「怠惰で、不潔で、正直でなく、腐敗した連中……」、おおよそこのような具合だ。つまり宣教師たちは、朝鮮人が自ら近代化することは不可能であり、開化は他国の力によってのみ可能だと考えた。このような偏見は彼らの牧会観にもそのまま一貫して表れた。それが、土着文化に対する排他的態度の基盤となったことはいうまでもない。

一方宣教師たちは数多くの教育機関を運営した。1910年の統計によれば、当時認可されていた学校の35パーセントがミッションスクールだった。さらにこれらの学校は学生数が多く施設も充実していたし、体系的なカリキュラムを持ち教師の質も高かった。

ところがそこにおいても宣教師たちの文明主義的偏見は如実に表れていた。1920年代のある研究によれば、ミッションスクールの朝鮮人青年たちはアメリカ人をまねることと近代化、そして福音化とを同一視していた。朝鮮の歴史や文化、そして植民地からの独立は付随的な関心事へと転落するか、関心領域の外に押し出されていた。さらには音楽、衣服、食事、また家屋の様式などにおいても白人をまねることがキリスト教の福音の一部であるかのようにみなされた。こうして白人優越主義的信仰と教育は朝鮮人キリスト教徒の内面形成に計り知れない影響を与えた。朝鮮人としての劣等感と西洋人と西洋文化に対する羨望が彼らの認識の座に深く根を下ろしたのだった。

このようなキリスト教徒たちが植民地朝鮮社会のエリートとして大挙登場し、彼らを通じて近代主義的啓蒙運動が活発化した。彼らは、日本留学派の進歩的知識人や左派知識人たちとともに植民地朝鮮の大衆社会を牽引し、解放以降、強力な支配層としてその位置を占めることになる。解放直後、キリスト教徒はせいぜい3パーセントを超えていなかったにもかかわらず、彼らの影響力は次第に韓国人の近代主義的心性を支配するようになっていた。

▼近代国家出現とキリスト教の「霊」

日本の植民地帝国は没落したが朝鮮の独立は留保された。アメリカは朝鮮の自立能力を疑ったが、先述したように、朝鮮に対するアメリカ人宣教師の否定的認識がこのような疑いの基礎となっていた。

宗教社会学者姜仁哲《カンインチョル》によれば、軍政期の第一共和国時代、法と制度がいまだに不備であった状況において、日帝植民地当局が捨てていった社会的資源が教会とキリスト教系指導者たちに大量供与された。またアメリカ本国から送られた莫大な資金が教会へと流れ込んだ。ミッションスクールはさらに増え、堅固なものとなった。特にプロテスタント系大学が設立されると、エリート供給能力は飛躍的に向上した。各教団の財産はとてつもなく膨れ上がり、あっという間に教団立神学校が続々設立された。プロテスタント牧会者のための高等教育水準は他の宗教のそれを圧倒し、一般的教育機関の水準と比べても高いレベルに属していた。さらに、キリスト教系新聞、雑誌も大挙創刊された。また、キリスト教系機関以外にも政界、法曹界、言論界、教育界の要職を占めるキリスト教徒の数は多く、ほぼ20〜30パーセントに達していた。信徒数が人口比3パーセントに満たない宗教であるにもかかわらずだ。

このように、韓国の自主的近代国家出現のこの時期、プロテスタントはその過程にもっとも深く介入した社会勢力に属し、またそれだけにとてつもない恩恵を独占した集団でもあった。国家制度レベルだけではない。社会的文化的な近代の出現においてもキリスト教は重要な位置を占めた。特に、韓国的近代が民族の劣等感とアメリカ主義を内面化する文明化の結合を通じ具現したという点において、キリスト教は韓国的近代を象徴する宗教だといっても過言ではない。

ところで韓国的近代主義とプロテスタント信仰に関する議論において見過ごしてはならないことがある。それは特に次に扱う反共主義と発展主義的宗教の物語において重要な役割を担うだろう。つまりそれは「霊」という信仰的要素だ。

霊は「身体の解体」に関連する宗教的体験を反映する。一世紀、地中海地域のイエス派の間で霊はそうした存在として登場した。いかなるエリートの身体も、いかなる華麗な建築物も、いかなる強力な帝国も独占できず、姿も性格もわからない未知の存在が霊であり、霊はそれらについての宗教的効果をも含むものとして表現されていた。こうして霊は、その時代、様々な偉大な身体によって排除された人々の活気あふれる運動として現れた。

制度化された宗教としてのキリスト教において、この「霊の管理」は指導者にとって重要な徳目だった。今や霊は体験されるものではなく解釈を必要とした。そしてこの解釈の王者が霊を独占する結果を生む。けれどもこうした流れの中、一方で霊は他の突拍子もないところに出没し、霊特有のエネルギーをあふれさせてもいた。

ところで1907年、平壌大復興運動において霊をその身に帯びたのは教会の指導者たちだった。霊は既存の身体を全く解体することなく力を発揮し、さらにはその身体を一層堅固にした。つまり、霊の解釈者がすなわち霊の体験者となったのだった。指導者の身体に安住しそのためにのみ仕える霊、指導者のためだけに活力を吹きそそぐ霊、そのように純化された存在として霊は道具化された。

民衆神学者安柄茂《アンビョンム》は晩年、自身の最後の仕事として聖書翻訳作業に着手した。けれども作業は未完に終わり、遺志に従ってその訳業は一部分も公開されることなく廃棄された。ある日、安柄茂先生は笑みを浮かべながら言った。「僕はプニューマのすごい訳語を見つけたよ」。皆がそれを聞きたがっているのを確かめた先生は、おどけながらこう言った。「気、だよ」。一同は膝を叩いた。「ああ、こうすれば『霊』という訳語が持つ人格的イメージが消え去るんだ!」。霊はギリシャ語「プニューマ」の訳語だが、これは「風、息」という意味のヘブル語「ルアッハー」をギリシャ語に置き換えたものだ。風、息が身体の中に満ちているだけならまさにこっけいな話だ。霊がただ身体の中にある何かのように感じられるなら、どこか釈然としない。ところが安柄茂先生はそれを「気」とすることで、人格的なものとの関連ではなく何かの事件と関連した流れの痕跡のように表現した。

けれども、先生の次の言葉に一同は苦笑せざるを得なかった。「だけどね、ハギオス・プニューマ、この言葉が問題なんだ」。「ハギオス」は清らかだという形容詞だ。だからこの言葉は「清らかな霊」、つまり「聖霊」と翻訳される。ところで「霊」を「気」と訳すからには「聖気」〔訳注＝発音上「性器」に同じ〕になってしまう。再び身体に逆戻りしてしまうのだ。こうして霊の誤読の可能性を排除しようという作業は相変わらず宿題として残されてしまった。

羞恥心と復讐

神社参拝から反共主義へ

▼なぜ反共なのか

韓国社会は建国初期以来とてつもなくはやい速度で「反共規律社会」として組織された、と社会学者曺喜蓮《チョヒヨン》は見る。これは一種の「心性の政治学」であり、反共主義という憎悪の装置がいかにして韓国社会をこれほどまでに悲惨な結束力もつ社会に作り上げてきたのかという解釈を含んでいる。また反共規律社会という主張には、一種の「心性の経済学」的解釈も含まれている。すなわち、反共主義を基盤に経済発展のための国家総動員体制を構築し組織された社会は、近代化とともに繁栄至上主義へと向かう心的土台（集団認識）を培っていたという主張だ。

曺は言及しないが、この反共規律社会論を「心性の社会心理学」と捉えることもできるだろう。何よりも植民地と戦争の体験から生まれた精神的位相を、他の心理的要素へと転化する心的作用とその効果の解釈を内包しているからだ。

三つ目の解釈、すなわち心性の社会心理学からの問いは、キリスト教の反共主義を解釈する重要な問題となる。本章では、キリスト教、特にプロテスタントがなぜこれほどまでに強力で頑なな反共的集団認識にとらわれてしまったのか、そしてこうした集団認識が社会と接触しつつどのようにつくり変えられ、その効果はいかなるものだったのかを検討しようと思う。つまり、近代韓国社会と宗教、特に反共的プロテスタントとの関係がここでの問いだ。

プロテスタント指導者たちの間で「反共」という問題意識が座を占めはじめたのは、おおよそ1930年代前後からだった。抗日運動の主軸が社会主義グループへと移り、アメリカ人宣教師たちによって掌握されていた教会はすばやく体制内化した。この時プロテスタント教会内部では権力独占問題が激しくなり、理念的葛藤が先鋭化していた。さらに教会を離れる者も続出した。

こうして教会指導者たちは共産主義を悪魔化する言説を流布しはじめた。当時の三代教団の一つであったホーリネスの指導者李明稙《イミョンジク》は、「ヨハネ黙示録」に現れる「赤い竜」がソ連共産主義であると主張し、日本・イタリア・ドイツの反共連盟を支持するという文章（1938）を書いた。これはプロテスタント各教派と団体が連合してつくった「朝鮮イエス教連合公議会の社会信条」（1932）に書かれた反共の教理と脈を同じにしている。この点はカトリックも例外ではない。教皇ピオ十一世の「無神論的共産主義に関する回勅」（１９３７）がカトリック系各種媒体を通じて普及し、共産主義者とは何ひとつともにできることがなく、彼らはこの時代に撃退すべき悪魔的存在であることが明らかにされた。

教会のみならず学校、新聞、雑誌などキリスト教が保有する公的言説の場は社会的に広範囲にわたり、かつ堅固だった。植民地当局を除けば、それらは公的領域においてもっとも強力な社会的組織だったといっても過言ではないだろう。いまだ全人口の3パーセントに満たない信徒を擁する小さな宗教団体であったにもかかわらずだ。

当時、仏教や天道教はかなり広範囲な信者を保有する巨大宗教だったが、プロテスタントのように集会が多くない上に、彼らが保有する公的言説の場もまた相対的に小さかった。カトリックはプロテスタントよりはるかに規模が小さく(プロテスタントの四分の一)、また外国人神父たちによって教権が徹底的に掌握されており、社会的接点はかなり限られていた。

一方、植民地当局はこのころ、共産主義に対する強度の理念的攻勢と政治的弾圧を本格化した。これは、教会の反共言説が信徒大衆と市民社会の考えに浸透する可能性が高くなったことを意味する。やや大げさにいえば、こうして教会はいち早く反共主義の牙城となったのだった。

▼神社参拝の恥を共産主義に対する憎悪に

朝鮮の教会指導者たちによる伊勢神宮参拝。

１９３０年代末、社会が戦時総動員体制へと転換すると、プロテスタント教会は反共主義問題よりさらに深刻な問題に直面することになる。強化された動員体制の一部であった神社参拝がそれだ。教会は神社参拝に敏感に反応し、これを契機に外国人宣教師たちが追放され、朴亨龍《パクヒョンリョン》、南宮檍《ナムグンオク》など主要な韓国人指導者たちが亡命した。最後まで神社参拝を拒否した指導者70名が拘束され、当時私立学校の7割を占めていたキリスト教系学校（神学校を含む）はすべて閉鎖されるか、あるいは官公立学校に吸収された。

けれども結局、教会の大部分は積極的であれ消極的であれ神社参拝に同調した。１９３８年9月、長老教総会は神社参拝支持を公式に表明した。姜仁哲《カンインチョル》によれば、プロテスタント信徒の絶対多数、すなわち根本主義的傾向のクリスチャンの大多数は、神社参拝にやむを得ず参与した消極的支持者だった。彼らにとって偶像崇拝というべき神社参拝行為はぬぐいがたい傷となった。彼らが後日語ったところによれば、神社参拝の恥辱はキリスト教の植民地体験の中でももっとも激しい苦痛だった。

当時、プロテスタントの中では西北地域長老教会の信徒が全体の40パーセントを超えていたが、長老教会信徒は朝鮮のキリスト教徒の中でももっとも根本主義的であり、特に西北地域の長老教会はおそらく世界中でももっとも強力な根本主義信仰で武装していたといえるだろう。当然、神社参拝にもっとも積極的に抵抗したのも西北地域の長老教会の人々だった。それでも彼らの大部分は神社に参拝しなければならなかった。根本主義的信仰においては受け入れえないものを、彼らは受け入れたのだ。言葉に表しえない屈辱感と恥ずかしさが彼らを生け捕りにした。

一方、自由主義傾向の一部キリスト者たちにとって、神社参拝は国民儀礼のひとつだった。彼らは国民儀礼である神社参拝を信仰の危機を招くものとはみなさなかった。けれども根本主義傾向の聖職者と信徒にとって、神社参拝は彼らの信仰を粉々に打ち砕く体験だった。それでも彼らの大部分はそれを受け入れねばならなかった。苦痛であり恥辱。この屈辱感を他の何かに転換できなければ、彼らは絶望の中、無力感に陥るほかなかっただろう。

こうした羞恥心を憎悪に転換することで、朝鮮のキリスト教信仰は活力を取り戻した。共産主義を悪魔の表象として解釈することはそれほど難しくはなかった。すでに10年以上反共が信仰の基礎に潜り込んでいる中、共産主義と敵対しつつ近代的信仰と神学を構築してきた西欧の伝統もまた、共産主義を悪魔化するのにおあつらえ向きの基盤となった。やむを得ず神社に参拝しなければならなかった自分たちの行為はえせ悪魔のそれにすぎないが、自分たちがそれによって苦しめられている間、本当に恐るべき悪魔がすでに多くの信徒を連れ去っており、時々刻々包囲網を縮め、僕たちの魂を奪い取るために近づいているのだった。

こうした反共信仰が芽生え始めたことは、解放直後の北朝鮮体験と関連している。キリスト教徒たちが当惑したのは、あちこちに散らばって目に見えなかった共産主義者たちがすでに社会の隅々まで行き渡っているという事実だった。さらには信徒、あるいは社会的指導者の多くが共産主義に陥っていた。1946年、アメリカ軍政庁の調査によれば、当時韓国において共産主義と社会主義に対する好意的評価は80パーセントに達していた。これは北韓地域においても大差ないものだっただろう。根本主義的キリスト教徒たちは自分たちが悪魔に包囲されているという恐れに取りつかれた。教会はいつの間にか敵に包囲された孤島のようになっていた。

当時北韓地域においてキリスト教徒、特に長老教会の指導者たちは比較的堅固な社会的資源を保有していた。けれども解放政局では、全国的に「人民の政治」が力を持ち始めており、特に北韓地域で支配的な政治権力は共産主義的立場による社会政治活動を重視していた。その上、神社参拝強制に屈したことで植民地主義への抵抗の経歴を公的には認定され得ない教会としては、彼らが保有していた資源を活用して政治的影響力を発揮することは容易ではなかった。

悪魔的対象であった共産主義者たちが政局を主導する状況にすっかり委縮した根本主義的プロテスタント指導者たちは、財産の社会的供与に同意する準備ができていなかった。それでも土地改革が実施され、多くの資産家たちがひどい侮辱を受け財産を強奪された。プロテスタント指導者たちの多くは土地改革をそう記憶している。

これ以上座視しているわけにはいかない。行動が必要だ。悪魔との戦争だ。これを可能

2011年6月、ソウル市庁前広場で開かれた右派集会。「政府は反国家・従北勢力をえぐり出せ！」

としたのが「越南」だった。

▼憎悪の政治が始まる――越南者教会

多くのキリスト教信者が越南した。不確実だがその数は韓国全体のプロテスタント信徒の三分の一から半分に迫ると推測される。けれどもその数よりもさらに重要なことは、彼らが米軍政当局、そしてアメリカ宗教界と政治界にかなり接近した集団だったという点だ（「通訳政治」「宣教師政治」などの用語はアメリカに対する彼らの接近経路を示している）。軍政当局は、彼らに日本人が残した莫大な宗教的財産を無償で供与した。そして彼ら越南者教会は韓国社会の反共主義を主導する中心勢力となった。これらの教会は、一方では韓国政局が極右テロリズムの行動隊員を増員し組織化する主要空間であり、他方、反共的な公的政治が言説化し制度化する舞台でもあった。キリスト教青年勉励会、西北連合会、永楽《ヨンラク》教会の青年会と大学生会、大同江同志会や西北青年団など、各種テロ政治の行動隊の役割を担った団体が越南者教会を中心に活動した。

先述のように、アメリカの市民社会は主に宣教師たちが提供した情報を通してアジアの生活と国家と社会に対する集団的記憶を形成し、政治家たちはそうした市民社会的認識を活用して外交政策に関する世論政治を行った。その上韓国通で知られていた宣教師たちのほとんどは根本主義者であり、西北系長老教会指導者たちとたいへん親和的だった。ゆえに越南者教会は軍政庁の後援の他にもアメリカの教会と市民社会から莫大な寄付金を引き出すことができたし、さらにアメリカの政治勢力との非公式外交ラインを持つことができた。

考えを実行に移すことはそれほどたやすくはない。特に保守的メンタリティが要求する行動は過激であるだけに、それを実行に移すことは容易ではない。けれども復讐心というものは他の感情に比べ、実行に移されずにいることでさらに大きな傷を残すことになる。キリスト教、特にプロテスタントは根本主義的信仰により、容易には実行しがたい禁欲と羞恥心のエネルギーを憎悪へと転換することでその内的傷を縫合しようとした。

この時、対象の転換が起こった。羞恥心を引き起こす対象よりはるかに安定した憎悪の対象が選定されたのだ。植民地当局も宣教師もすべてが敵対視する対象。共産主義者である。彼らを悪魔化することでキリスト者たちは羞恥心から抜け出すための心的基盤を得た。憎悪は次第に復讐という外的攻撃感情と出会う。それが復讐心だ。越南者教会はこうして復讐心を実行に移すための社会的基盤をもたらした。復讐はこうして実行され、そのプロセスにおいて教会はいっそう堅固な攻撃的反共主義信仰によって武装することになる。

朝鮮戦争が起こった。それは単に1950年から3年間の戦争に限定されない。朝鮮戦争研究の世界的権威であるブルース・カミングス（Bruce Cumings）が指摘したように、すでに1946年以来韓国社会は内戦状態だった。いずれにせよ3年間の朝鮮戦争はこれまで行われた全世界のいかなる局地戦よりも多くの人間を短期間に死へと追いやり、社会的資源のほぼ大部分を破壊した。3年間の戦争における死者は250万人に至り、産業施設と公共施設の80パーセントが破壊された。この間、北朝鮮に降り注いだ砲弾の数はナパーム弾を含めて第一次世界大戦当時に使用された砲弾の数とほぼ同じで、米陸軍歴史学会会長のコンラッド・クレイン（Conrad Crane）によれば、北朝鮮の主要都市22の中で8か所を消失させたほどだった。

このようなとてつもない破壊と殺戮には理念の葛藤が潜んでいる。そしてキリスト教徒たちはこうした理念葛藤の最前線で多くの被害を受け、それだけに、実際に受けた被害以上に彼らは加虐性の主翼となった。こうして戦争は終わった。

▼「戦争は終わったが復讐は続く」

けれども戦争に動員された心までもが休戦状況に入ったわけではなかった。心は相変わらずその憎悪の政治に過剰動員されたままだった。心性の戦争は継続されねばならない。憎悪は韓国社会の隅々を席巻し、共産主義探索の心性的資源となった。そして内面においても悪との戦争は続いていた。宗教はこのような心情の内戦をそそのかす主な社会的機構だった。

戦後、蔓延する戦争の傷を癒すために社会のいたるところで苦闘と叫びがあった時期に、キリスト教は終息した戦争の心性につながるような仕方でその傷と向き合った。悪魔が去るまで憎悪と復讐は続かねばならないのだと。

1961年、クーデターを起こした軍部権力は、相変わらず過剰動員されていた心性の政治を経済発展動員体制のための基盤として活用した。心の反共主義という心性の政治は社会を戦時動員体制のように非常時の状況へと導いた。つまり経済発展動員体制はまさに軍部独裁体制が解釈した「戦後」だった。ただ憎悪と復讐にとどまっていてはならない。内部の戦争は継続しなければならない。社会が発展し、あの北側にいる悪魔を圧倒し、さらに彼らが壊滅するときまで非常時の動員体制は継続されねばならないと。

こうして教会と軍事独裁体制は類似した「戦後」を追求した。彼らは共通の敵、共産主義という悪魔との戦争を続けようとし、そのように社会的憎悪と復讐の心性によって組織された信仰と理念によって自らを武装した。これら二つの体制は、それが心性のレベルのものであったとしても、戦争の継続によって存続し得るものだった。この点で彼らは今も、僕たちの社会の反共的冷戦主義の軸を形成している。

生産的憎悪

治癒と帰福、成長主義の発明

▼憎悪を治癒と霊的体験の手段とする

神社参拝の強要がキリスト教根本主義者たちに拭い去れない羞恥心を抱かせたことはすでに述べた。日本帝国からの解放前後、「自分に対する羞恥心」は「他者に対する憎悪」へと転化した（羞恥心に関する社会心理学的研究が示すように）。それは具体的には「強度の反共主義」を意味した。

ここでは戦争という名の憎悪、すなわちその破壊性が「生産的憎悪」へと転換する過程をたどってみよう。この時期の韓国社会は成長主義的疾走を繰り返していたし、プロテスタントもまた成長主義に取り憑かれていた。このような韓国社会の成長主義とキリスト教信仰がいかにして互いに連動したのかを明らかにするために、まずその心性の原体験を中心にその連動の脈絡を掘り下げてみよう。

キリスト教史学者金興洙《キムフンス》は、朝鮮戦争以降の帰福信仰〔現世利益を求める信仰〕の様相に関する記念碑的研究においてそれまでの定説とは異なる見解を披瀝した（『朝鮮戦争と帰福信仰の拡散に関する研究』韓国キリスト教歴史研究所、１９９９）。すなわち彼は、韓国のプロテスタントに根づいている帰福信仰は、韓国の伝統大衆文化を無批判に吸収した結果ではなく、朝鮮戦争以降の社会的病理現象と関連していると考えたのだ。さらにこうした信仰はそれ以降、韓国の成長主義信仰を制度化する主たる要因であったと指摘し、帰福信仰と成長主義の連関性に関する興味深い論点を提示した。

この結論よりもさらに深い意味をもつのは、朝鮮戦争を見る視点だ。彼はキリスト者大衆の苦痛に焦点を当てつつ研究を進めた。文学を除けば、「苦痛感性」に焦点を当てて朝鮮戦争を研究した例は見出せない。なかでも特に彼が注目したのは「生存欲望」だ。

朝鮮戦争は全世界のいかなる局地戦にも見られないむごたらしい殺戮と破壊の戦争だった。けれども戦争が終わった後もこうした破壊性は継続した。死に等しい飢え、自然災害（52、57、59年の台風、54、56、57年の干ばつと洪水）、伝染病（結核、脳炎など）などの災難は１９５０年代を通じて人々の身体と精神を締めつけた。さらにまた、独裁政権支配下での政治テロも絶えることがなかった。

この時期、プロテスタントではサタン論と異端論が吹き荒れていた。金興洙はこの現象を生存欲望との関連から解釈する。彼は当時の説教や各種寄稿文などを分析し、この時期のプロテスタント指導者たちの言説の中にサタン論が顕著に増えている点を指摘した。また無数の異端が50、60年代に続出したと分析した。彼は言及していないが、互いを悪魔化する教派分裂もまた50年代から60年代までの間に深刻化した（長老教会だけで49の教団に分裂したことも入れてプロテスタント教派は実に60を超えた）。「破壊」は戦後も相変わらず時代の心性の基礎だったということだ。

金興洙のこの説教分析によれば、サタン論は「選民救済」言説と強く絡み合っていた。植民地末期から朝鮮戦争期までの悪魔論は共産主義撲滅を強調していた。一方、戦後サタン論は共産主義撲滅の言説と結合すると同時に救済言説の一部でもあった。つまり憎悪は「攻撃、破壊」から「慰め、傷痕克服」など「生産的」基礎へと変わっていたのだった。

朴亨龍《パクヒョンリョン》は学者、そして牧会者として植民地期以来の代表的異端審問官、反共の化身だったが、朝鮮戦争を経てそれまでの彼特有の攻撃的言説は後退し、「神だけが真の避けどころ」という実存的な慰めのメッセージを残している。「敵」に対する非妥協的な攻撃的言説は相変わらずだったが、それは共産主義者たちが引き起こした同族相争う戦いで犠牲となった韓国の大衆キリスト教徒に向けた祝福の約束として生じたメッセージだった。

まとめれば、戦後韓国のキリスト教徒は社会全体でもっとも反共的な憎悪に取り憑かれた社会勢力の一つだったが、特筆すべきことはこの憎悪が破壊的であると同時に生産的な心性の基調を帯びていた点だ。このような姿を極端に示した宗教現象が、この時期に集中して登場したいわゆる「異端」だ。

▼羅雲夢の祈祷院運動と異端

1954年、羅雲夢《ナウンモン》（1914～2009）は最初の韓国的祈祷院である龍門山《ヨンムンサン》祈祷院を設立し、ここを中心に復興〔リバイバル〕集会を開いた。西洋の修道院や黙想の家が沈黙と瞑想を中心としたものであるなら、韓国的祈祷院は情熱に満ち溢れ、爆発的な発狂せんばかりの霊的熱気に満ちた祈りの場だ。羅雲夢の祈祷院はまさにこうした韓国的祈祷院運動の嚆矢だった。彼の集会では、神に取り憑かれたような状態で異言を語り、全身をけいれんさせ、床を転げまわり、泣き叫ぶように預言をするといったエクスタシー状態のさまざまな恩寵体験が飛び交っていた。けれども彼の復興集会の核心は「癒し」だった。

戦後、あらゆる疾病が人々の身体と精神をひどく痛めつけていた時である。社会の医療体系はほとんど機能せず、身体と魂が安住するに足りる空間もすっかり破壊されていた。人びとは各自それに耐えるほかなかったが、その苦痛に満ちた症状を引き受けるだけの身体的精神的インフラは備えられていなかった。ある程度身体に余力のある人々は憤怒を加虐的行動によって表現し（テロや家庭内暴力）、ドキュメンタリードラマ『明堂《ミョンドン》伯爵』（EBS、2004）に登場する文士さながら酒に酔ってふらついては電柱に頭をぶつけ、隣家の玄関を叩いてはわめき散らしたりもしたのだろうが、身も魂もすべて枯渇した人々は祈祷院の大衆集会で熱狂し、傷を癒そうとしたのだった。

羅雲夢の復興集会は全国へといち早く広がった。彼自身が全国を巡り集会を開いただけ

1960年代、龍門山で開かれた羅雲夢のリバイバル集会。

ではなく、第二第三の羅雲夢が全国各地に登場することで、瞑想と沈黙の祈りではない、狂ったように泣き叫んでカタルシスを体験する熱狂的祈祷院が続出した。

　朴泰《パクテ》善《ソン》（1917～1990）の登場は戦後の大衆的神秘主義運動の極致を示した。南山《ナムサン》、漢江《ハンガン》海水浴場などで開かれた彼の集会では数十万の群衆が集まり、彼が全国を巡回して開いた集会は巨大な宗教フェスティバルとなった。プロテスタント信徒数がいまだ少数に過ぎなかった時だ。けれども、彼の集会にはプロテスタント信徒ではない人々までもが無数に集まった。注目すべきことは、羅雲夢の集会のようにここでも数多くの神秘体験が続出したという点だ。もちろんその頂点においては必ず癒しの行為が行われた。大邱《テグ》の盧光公《ノグァンゴン》（1914～1967）は朴泰善の追随者であり独自の活動を行う復興師「リヴァイヴァリスト」だったが、やはり彼の集会でも「癒し」は大衆の熱狂を最高潮に登り詰めさせる要素だった。

　このほかにもビョン・ケダン、キム・ソンヒのようなカリスマ的女性たちが、傷ついた部分をなでたり叩いたりして祈り（按擦祈祷）、多くの人々が疾病から癒された。「按擦祈祷」や羅雲夢の異言祈祷など熱狂的大衆集会の風景はいち早くプロテスタント全域へと広がったが、これは疾病の苦痛から解放されたい人々の熱望によるものだった。

　ここでさらに言及すべきことは、彼らが例外なく「憎悪」を神秘体験、特に宗教的癒しの次元へと活用したという点だ。もちろん憎悪の対象は

1955年頃、朴泰善の集会に集まった人々。

「アカ」だ。けれども「憤怒を動力化」する際、それによって戦争や戦争まがいの暴力を引き起こしていた解放政局の越南者キリスト教過激派とは異なり、彼らは憤怒を人々の身体と精神の癒しへと転化した。「破壊的憎悪」ではなく「生産的憎悪」を最も劇的に実現したのは戦後韓国の復興師たちだった。このような点において彼らの活動はプロテスタント主流派と大きく異なってはいなかったが、ただ彼らはより熱狂的で実際的な癒しを行ったという点で際立っていた。

　ところで彼らは、アメリカ的根本主義の洗礼を受けた西北系プロテスタント主流派で育ったのではなく、むしろキリスト教の周辺あるいは外部から登場したのであり、そのほとんどが正規の神学教育を受けていない信徒指導者だった。昔も今も、主流派がコード化した言説に慣れ親しんでいない人々がしばしば用いるキリスト教的キーワードは「聖霊」だ。この時期の復興師たちもそうだった。彼らは例えば、筆者がこうして解釈しているように、「共産主義に対する憎悪を癒しの精神的次元へと動力化した」などとは言わず、すべてが「聖霊の恵み」だと主張した。「癒しを受けた人々は恵みの受恵者であるだけだ。彼らは何もせずただ受け取っただけだ」と。もっとも、奇跡体験に関する人類学的研究によれば、奇跡がその受恵者たちの呼応なくして生じることはないのだが。

　いずれにせよ、彼ら聖霊運動的復興集会の主役である信徒指導者を、主流教団は例外なく異端と規定するか、あるいは異端視した。朴泰善や盧光公は自らをメシアと主張し、羅雲夢は檀君説話のハヌルニム〔朝鮮古来の創世神話の神〕と同一視し、孔子や釈迦のような賢人や預言者を排斥した教会を批判したため、根本主義的プロテスタント教会の聖書的ストーリーラインとの衝突は避けられなかった。

しかし、彼らの主張や行為に対する教理的評価ではなく、彼らが引き起こした運動の社会的効果に注目すれば、何よりも彼らが主導した祈祷院と復興集会現象は戦後韓国社会における大衆の苦痛と渇望の間に深く入り込んだものであればこそ可能だったといえるだろう。彼らにとって重要だったのはイデオロギーや体制の性格ではなく、身体と精神の疾病、それによる苦痛からいかにして解放されるかということだった。復興集会はそうした苦痛と対面し、大衆の熱狂的な反応と互いに絡み合いながら爆発的に活性化したものだったのだ。

先述の通り、主流教会は彼らを排斥した。けれどもそれだけではない。教会は模倣を始めた。今や祈祷院は主流教会内部へと入り込み、復興集会を導いてきた復興師たちは教会の中でその働きを続けた。

▼福音と成長の動力は憎悪

１９６０年代、社会的な戦後復旧が本格化した。その主翼となったのはクーデターを起こした軍人たちであった。彼らの発展プログラムの遂行方式はいかにも軍人らしく、戦時動員体制に類似したいわば「発展動員体制」だった。成長と発展のため、用い得る資源のすべてを総動員するために社会が組織されていった。

この発展動員体制は、反共に向かう憎悪を発展の動力として活用することで実行される体制だ。ここで僕たちは、この時期のプロテスタントと国家の間に絶妙な類似性を見出すことになる。「生産的憎悪」のメカニズムこそが両者の類似性だった。

1960年代に開始された発展プログラムのおかげで、70〜80年代、韓国社会は高度成長を成し遂げた。そしてまさにこの時期、教会は急成長した。国家的成長の主役が軍事政権であったならば、教会成長の主役は純福音教会に象徴される一連の復興師的牧会者たちと、彼らに追従する「韓国版十字軍」の教会だった。

趙鏞基《チョヨンギ》は短期間で世界最大の教会である汝矣島《ヨイド》純福音教会を作り上げた。彼は羅雲夢を代表とする戦後韓国社会の制度圏外の復興師たちの役割を効果的に肩代わりする教会を発明したのだ。彼は、キリスト教徒にとって日常の外側の空間である祈祷院と日常空間である教会の融合と分裂を巧妙に操作することで、いわゆる「純福音神話」をもたらしたのだった。

純福音教会の礼拝は羅雲夢の龍門山祈祷院を模したような雰囲気で演出された。ここでも連日繰り広げられる癒しがその核心だった。相変わらず集会に参加する人々は病に苦しんでいた。

社会は急速に産業化していたが、社会的安全装置は存在しない状況であり、広範囲の離

韓国の大型教会を代表する「汝矣島《ヨイド》純福音教会」。

農民にとっては絶えることない貧困と劣悪な労働条件だけが存在のすべてであるかのように感じられる時代だった。さらに、先祖代々暮らしてきた土地を離れるということは生活の基盤の喪失を意味していた。苦痛を解釈し、それに耐えるだけの精神的・霊的養分すべてが台なしになった状態、これがまさにこの時代の離農民の姿だった。

趙鏞基は彼らに神による癒しを行いながら「三拍子救済論」を説いた。身体を癒す神は同時に豊かさも与えてくれるだろう。そしてその中心には霊的祝福がある。身体と精神の癒しを直感的に経験した人々は彼のメッセージをたやすく受け入れた。あたかも国家が国民に発展動員体制の忠実な一員として生きるよう鼓舞したように、教会は信徒に自分と自分の家族の発展のために動員可能なすべての資源を活用せよと励ましたのだった。そして多くの立志伝的成功物語が登場し、それらは証しという言説形式に従って流布された。一方、それでも失敗はどこにでもある。祈祷院はまさに彼ら失敗者のための非日常空間となっていた。

このように、趙鏞基と純福音教会の成功は羅雲夢などの逸脱型の聖霊運動を教会型の聖霊運動へと体制化することによってもたらされた。これは聖霊が教会主義のために道具化されたことを意味している。共産主義に対する憤怒へと直結した心性の基礎はいまや成長の動力として転換し、これが教会主義をさらに強固なものとした。そしてさらに、これらは軍部権威主義時代における「国民化言説」の一部となっていた。

独裁と信仰の同居

開発独裁と大型教会の時代

▼永楽教会と韓景職牧師

朝鮮戦争以降、プロテスタントはすばやく成長した。この時期、教会成長の核心には反共主義と憎悪の政治があった。本格的な成長は１９６０〜90年の間に起こった。すでに見たように、この時期の成長は反共主義を成長・発展の動力として転換した「生産的憎悪」の信仰と関連がある。

この時期の成長には二つの柱がある。過去に伝統的反共主義を実践した越南者教会がその一つだが、この時もう一つの柱が新たに作られた。前者を代表する教会が永楽《ヨンラク》教会であり、後者を代表する教会が純福音教会である。ここでは、これら二つの教会に象徴される教会の大復興が同時代の韓国社会といかに相互関連性を結んでいるか、その成長の社会学について語ってみようと思う。

1984 年、汝矣島広場で開かれた韓国キリスト教百周年記念礼拝で説教する韓景職牧師。

韓国教会史研究者のチョン・ジョンイルが各教団の統計資料に基づいて計算した在籍信徒統計によれば、プロテスタント教会の信徒数は1960年から70年までの10年間、約500パーセント増加して300万人を超え、70年には500万人を超え、90年には1200万人に達した。もちろんこの数値は誇張されている。95年の国勢調査では自らをプロテスタント信徒であると明らかにしたのは876万余人だが、これはプロテスタント信徒数の最大値だった。おそらく在籍信徒統計には重複教籍や教会や教団ごとに蔓延していた水増しによる数値がそのまま適用されているのだろう（軍隊での改宗者数は代表的な虚数に属している）。それでも1960〜90年の間に韓国のプロテスタントが全世界的に類例のない教勢の成長をもたらしたことは疑う余地がない。1993年2月、アメリカの宗教専門誌『クリスチャンワールド』は「世界メガチャーチ・ベスト50」を発表したが、1位の汝矣島《ヨイド》純福音教会を初めとして10位内に5つ、50位内に23の韓国教会が含まれていた。

このような大復興の初期局面を主導した永楽教会は、1965年、すでに在籍信徒1万人を超える世界的超大型教会の列に加わった。1945年、27人で始まったこの教会の急速な成長は、国家と結んだ特別な関係によって説明できる。

越南者キリスト教徒を代表する機構「以北信徒代表会」の中心には、永楽教会と韓《ハン》景職《ギョンジク》牧師がいた。韓国宣教に最も大きく寄与したアメリカ北長老会が韓景職牧師の堂々たる後見人だったからだ。これは彼がアメリカ政界の保守、反共主義人士と特別な関係を持っていたという事実を意味している。このような理由から永楽教会は解放政局と朝鮮戦争を前後する時期に韓国の反共主義を代表する有力人士たち（チャン・ドヨン、オ・ジェド、ソンウ・ジョンウォン）から極右テロリストまで幅広い保守右翼の基地となっていた。

朝鮮戦争以降、韓国社会の極右偏向が暴力的なまでに形成されていた時期、少数宗派だったキリスト教が特権と特恵を享受できたのもこのためであり、永楽教会がその中心にあった。１９６１年、軍事クーデターが起こり開発主義政策が本格化した時期にも、こうした基調は続いていた。韓景職牧師は同年6月、軍事政府に対する国際的支持を引き出すためにプロテスタント指導者で構成された国際親善使節団をつくったし、66年に始まる国家朝餐祈祷会と国会朝餐祈祷会の中心人物でもあった。

先述のように、プロテスタント教会は解放以降から朝鮮戦争を前後した時期、超強行反共主義体制の成立と軌を一にし、この体制の養分の役割を果たし、またこの体制の最大受恵者でもあった。そして「教会の世俗的成功」を導いた教会が、永楽教会だったのである。非キリスト教国家において初めて導入された事例である軍牧〔軍隊チャプレン〕制度はその特恵の真髄を示している。この制度は疑う余地なくプロテスタント教会のためのものであり、その結果プロテスタントはエリート軍人と将兵すべてに最大の信者を保有する宗派となった。そして韓景職牧師は初めからこの制度の導入と運営の主導権を握っていた。

韓国教会のこのような成長は、韓国近代国家形成期の戦闘的反共主義基調の中で、国家と教会が互いに緊密に連動しながら成長をもたらしたケースだといえるだろう。筆者は永楽教会を中心とするこうした教会大型化現象を「越南者型教会」と呼ぼうと思う。

▼純福音教会と趙鏞基牧師

一方純福音教会は、先述のように軍事政府が推進した開発主義と緊密に関連している。１９５８年、自宅で礼拝を始め、信徒数が増えるにつけて天幕教会へと至ったが、趙鏞基《チョヨンギ》らしい牧会が本格化したのは１９６１年だった。朴正熙《パクチョンヒ》軍事政府が開発主義政策を始めたのが62年で、趙鏞基牧師が復興師として成長主義牧会を本格的に始めたのはその前年だったということになる。

韓国が超高速成長を果たした時期、70年代の国家の平均経済成長率は９・２パーセントだったが、純福音教会は１９６３年に在籍信徒３０００人を超え、72年から81年まで平均９・３パーセント成長した。西大門《ソデムン》から汝矣島へと礼拝堂を移した73年、信徒数が１万８０００人を突破し、先述の「世界メガチャーチ・ベスト50」では信徒数60万人でぶっちぎり1位の座を占めた。この数値は2位の安養《アニャン》南部純福音教会の6倍に達し、2〜10位を合わせた数のおよそ2倍の規模だ。２０１０年現在、純福音教会の在籍信徒数は78万人に達し、主日礼拝出席信徒数は40万人ほどだと言うが、アメリカ最大の教会であるレイクウッド教会（ジョエル・オースティン牧師）の主日礼拝出席者数は5万人に満たないという。さらに驚くべきことに、70年代の10年間、この教会の信徒増加率は１６００パーセントを上回るという。

教会成長研究所所長のホン・ヨンギは、永楽教会の成長に重要なのは政治的要因だが、純福音教会の成長には社会・経済的要因がより重要だと指摘する。60年代に国家が主導した開発政策の結果、早い速度で都市へと流入した大々的な離農民を主な対象とする牧会モデルの成功事例という解釈だ。

60年代に都市に流入した離農民たちは、チュンラン区、クァンアク区、ソンブク区、ソンドン区、クァンジン区、ソデムン、ヨンドゥンポなど漢江支流や山間に無許可の集住地区を形成し集団で居住した。生活のための最低限の条件も満たさない住居や労働条件の中で厳しい暮らしを送らねばならなかった人々、虐待と暴力が乱舞する野蛮な都市生活の中へ放り出された人々に、国家はいかなる機会も提供せず、彼らはただ産業予備軍として低賃金体制を維持することだけに汲々とした。そんな彼らに寄り添ったのが教会だったのだ。

礼拝は毎回復興会のようだった。泣く人、異言を語る人、叫びだす人……、彼らは手を打ち鳴らし、足を踏み鳴らし、飛び跳ねた。ある人は病が癒されたと踊り、またある人は痙攣して転げまわった。この光景に大多数の信徒は神の恵みを確認した。

趙鏞基牧師は彼らに祝福の言葉を伝える。病が癒されるだけでなく、金持ちになるだろうと。そして霊の祝福までも。いわば「三拍子の救い（癒し、物質、霊）」のメッセージだ。羅雲夢《ナウンモン》を筆頭とする戦後復興師たちの病の癒しのメッセージに、60年代式「豊かに生きよう」の呼びかけが追加された。離農民たちにとってそれは福音、希望のメッセージであり救いの声だった。

趙鏞基牧師は越南キリスト者ではなく、純福音教会も越南者型教会ではなかった。この教会は、「成長のみ」のためすべてを総動員する典型的な軍部独裁時代の言説と制度に偏った信仰言説と制度を通して大復興をもたらした。そして教会に押し寄せた人々も開発独裁時代の大衆、時代の呪いに押しつぶされた人々だった。教会は彼らに祝福を与え、彼らは教会に忠誠を尽くした。こうした反共主義の憎悪を成長動力へと転換させ自らの発展と教会の発展を同時に実現する「生産的憎悪」の言説を実現させた教会モデル、純福音教会を筆頭とするこうした教会を「先発大型教会」と名づけようと思う。

▼牧師と区域長、共生する恵み

牧会学研究者のパク・チョンヒョン博士は『韓国ペンテコステ運動の霊性』（2008）において、この時期の教会成長の特徴について注目すべき見解を提示している。彼によれば、この時期に大型化した教会を中心に、カリスマ的指導者による長期間の牧会はもちろん、引退牧師制度が定着した。そうした兆しは長老教会において見られたが、教役者の派遣が厳格に守られていたメソジストとホーリネスにおいてすらも見られたという。これは70年代以前と以降とを分ける特徴であり、まさにこうした制度の定着とともにいわゆる韓国型メガチャーチが定着したという。そして彼はこれを、三選改憲と維新へと至る朴正熙政権の永久執権の模索と結びつけている。つまりこれはこの時代の時代精神でもあったということだ。もちろんこれは先発大型教会の特徴というよりも、70年代に誕生した韓国型大型教会の特徴ととらえる方が適切だろう。

けれども、独裁者のカリスマがもっとも輝きを増すのは、共同体の枠組みがしっかりとして安定した成長を謳歌していた越南者型の教会においてよりは、純福音教会のような先発大型教会においてだった。そこでは復興会のような雰囲気によって、挫折した人々の魂を激烈に主体化しつつ彼らを管理することに成功し、それを共同体の動力として転換した。特にこの時期、恵みを与え福音を伝えた熱血女性信徒、いわゆる「伝道婦人」たちが、数多くの教会における葛藤と分裂のミクロ的要因だった。このようなカリスマ的女性たちは、次第に教会の中で牧会者の教えに反する幻想的な体験を説き始め、教会の秩序の象徴であり代表である牧師や長老の権威を脅かす強力な秩序撹乱者となった。

女性神学者イ・スクジンの注目すべき論文「異言と癇症　聖霊運動のジェンダーポリティクス」（『宗教文化批評』10号、２００６）によれば、異言は支配言語から疎外された女性が主体化する主要条件だった。そのうえ、男性中心社会における交渉と共生の技術から疎外されていた彼女たちの主体化は、既存教会の秩序を撹乱させる文化的革命の要素でもあった。このように、70年代前後、伝道婦人たちはキリスト教が人々の日常に食い込み生活に活気を与える主な動力であると同時に、教会内の紛争と分裂の原因ともなっていた。

まさにこの時期、基層大衆を吸収し大型化に成功した教会は、こうした熱狂的伝道婦人たちを体制内に取り込むことに成功した教会でもあった。パク・チョンヒョンをはじめとする牧会学者たちは、純福音教会急成長の背景には「区域長制度」があったと指摘する。

霊に満たされた女性たちがカリスマを武器に牧師や長老の権威を脅かすことで多くの中小教会が内乱と分裂、解体を繰り返していたころ、純福音教会は彼女たちの野生馬のような情熱を教会成長の資源へと転換することに成功したのだが、この野性的カリスマを飼い馴らす装置がまさに純福音型区域長制度だった。

このように独裁時代に韓国キリスト教は急成長し、多くの韓国型大型教会を生み出した。これらの教会、特に先発大型教会は、時代の苦痛を身に帯びた人々に祝福と希望を提供することで多くの人々に幸福と自己実現の機会を与えることができた。けれども同時にこれらの教会は、この時代のコードというべき成長と権威主義を体現する言説と制度を通じて大型化した。超越的権力に抵抗することなくその権力秩序に順応することで、大衆は夢をかなえることができたのだった。

▼教会と祈祷院、日常と離脱のあいだ

病の癒しに卓越した力を発揮したキム・ケファという女性が作ったハレルヤ祈祷院は70、80年代にたいへん有名だった。詩人チョン・テグは「ハレルヤ祈祷院にて」というタイトルの連作でこう語っている。

「追い立てられ　座り込むように収容された
意志もなく老いた病人たち
この群れの中に神を求めてさまよった

もしや、ここにおられるのか」（チョン・テグ「ハレルヤ祈祷院にてI」より）

この時期、祈祷院に関する人類学的研究を行ったイ・ヨハン博士は、次のような研究結果を明らかにしている。すなわち、主に祈祷院に通う層は、月収35万ウォン以下の低所得層、高卒以下の低学歴層の人々で、その動機は挫折した現実に対する絶望だという結果だ。

羅雲夢にとってそうであったように、祈祷院はそのような場所だった。しかし趙鏞基のような復興士たちが教会を祈祷院化した。それだけでなく成功に対する熱望を新しい信仰のコードとして加えた。けれども失敗に苦しむ人々の中には、祈祷院化した教会が与える希望のメッセージをもってしても、許容することが困難な人々が少なくなかった。そうした人々にとって祈祷院は相変わらず必要だった。教会は、絶望のどん底で身体を壊し精神をねじ曲げ、共同体の統合に否定的な役割を果たしてしまうような人々を受け入れる信仰的空間を相変わらず管理していた。この時期の祈祷院はまさにそうした場所だった。

まとめよう。韓国の近代空間としての教会は、その時代の近代の在り方を実現しつつ大型化した。つまり教会は韓国的近代を体現することで成功したのだった。その過程で、教会は近代韓国の「痛み」をも吸収した。羅雲夢の祈祷院がそうであり、朴泰善の復興会がそうだった。そして先発大型教会の復興会のような礼拝がまたその機能を果たしていた。

けれどもこの成功は韓国的近代の秩序に順応する信仰だけを制度化した。信仰は痛みを吸収するが、痛みを生み出す制度を問題視することはなく、かえってその制度を正当化させしたのだった。

市民K、教会に行く

1970年代、1980年代大復興の無意識

70、80年代韓国教会の量的成長を当時大型化した教会の二つの柱である越南型大型教会と新たな類型の先発大型教会とを比較しながら見てみよう。前者が大型化する際は政治的癒着が大きな要因となったが、後者は社会的・経済的要素にその特徴がある。越南者型大型教会である永楽《ヨンラク》教会や新しい大型教会である純福音教会の量的成長については、これまでに述べたとおりだ。後者のポイントは離農民たちの広範囲な階層構成であり、特に基層大衆の大々的な吸収が教会成長の決定的な足がかりとなっていた。ここでは永楽教会を柱とする既存主流教会の量的成長について細かく見てみたいと思う。すでに述べたように、これらの教会の成長は政治的癒着によるところが大きい。まず大規模復興集会を巡って生じた市民たちのプロテスタント化を中心に述べてみたい。

▼セマウル運動指導者のような区域長

趙鏞基《チョヨンギ》は、越南者型教会の主流である西北系長老派の根本主義信仰に影響を受けたというより、むしろ羅雲夢《ナウンモン》の祈祷院復興運動の系譜に立つ復興師だった。やはり彼も反共的信仰を共有したという点では越南者教会の牧会者たちと大きく異なってはいないが、彼の新しさは、共産主義に対する憎悪を直接的に信仰のエネルギーとして活用するのではなく、それらを成長のエネルギーとして活用した点にある。僕はこれを「祈祷院の教会化」と名付けている。

祈祷院は非日常の空間だ。祈祷院は日常では起こりえない出来事が乱舞する場所であり、それは相変わらず日常の秩序や論理に埋没する人々には体感不可能な出来事だった。このような点で祈祷院は日常空間外の教会、すなわち「パラチャーチ」(Para-Church)といえるだろう。一方、生活地域に座を占める教会は「ローカルチャーチ」(Local-Church)だが、この場合重要なのは恒久的な地域組織だ。

先述のとおり、純福音教会の地域組織の最も重要な動力源は区域長だ。彼らは単純に教会の下部組織担当者ではなく、下部組織を成長主義的動員体制へと駆り立てる役割を担当している。そのような点において彼らはセマウル運動の指導者と類似性を持っている〔セマウル運動＝朴正熙政権が推進した農村近代化運動で、政府が派遣する指導員が勤勉・共助・協調などの徳目を掲げ農村の啓発運動を行った〕。「証し」のような成功神話のオーラルパフォーマンスは、経済発展のための総動員体制を下から組織化するミクロ的言説の道具立てだ。純福音教会の区域長とセマウル運動指導者、両者はこの時代の体制化された成長主義的「ロ伝継承者」(oral-performer)と呼ぶことができるだろう。

都市下層民へと編入された離農民たちは、このように教会化された復興会と区域長システムなどによって大々的に教会に吸収され、区域長たちが語るミクロ的成功物語を通して見事に組織された大型教会が作り上げられていった。彼らは自らの成功のために最善をつくしたが、それは同時に教会と国家の成功の原動力として動員されてもいた。こうした意味において純福音教会こそ、この時代の大衆一般の集団的基盤ともいうべき教会の類型を象徴する存在といえるだろう。

▼ビリー・グラハムの復興集会、市民を呼ぶ

一方、永楽教会のような主流系教会の大型教会化は、離農民の吸収というよりは「市民層の信者化」によるものと考える方が適切だろう。これは純福音教会には市民層の流入が少なかったという意味ではなく、市民層の信者化に積極的だったのが永楽教会を中心とする主流教会だったということだ。ところで後者の成長には超大型伝道集会が重要な契機となっていた。

１９７３年5月16日～6月３日の間、「ビリー・グラハム韓国伝道大会」が大々的に開催された。彼は全国九都市を巡回した後ソウルで５日間連続集会を開いたが、この間20日余りで４５０万人が動員され、特に最後の集会には１１０万人が汝矣島《ヨイド》広場に集まっている。この伝道集会において実に３万６千人余りの回心者が現れた。またこの数年後には

1973年、汝矣島広場で開かれたビリー・グラハム伝道集会の様子。

韓国大学生宣教会ＣＣＣが主催した「エクスポ74伝道大会」が開催され、６日間の参加者は何と６５５万人に及んだ。そして１９８０年、「80福音化大聖会」では１週間に実に１７００万人の大衆が集まった。

集会、結社の自由が厳格に統制されていた軍事政権期にこのような大規模伝道大会が開かれたのはまったく異例な出来事だった。１９７３年、ビリー・グラハムは入国するなり大統領と面談している。これはキリスト教の超大型伝道集会が政府の積極的な庇護と協力を通して行われたことを端的に表している。

さて、韓景職《ハンギョンジク》（永楽教会）、金俊坤《キムジュンゴン》（ＣＣＣ）など越南者型教会や「パラチャーチ」をけん引してきた人々がこの行事の中心にいた事実を見過ごしてはならないだろう。反共主義の主役であり、アメリカ保守政界と深い関係を持ち、韓国社会内においては数的規模に比べはるかに大きな社会的資源を持つこれら主流教会の指導者たちでなければ、これほどの大規模集会は不可能だっただろう。さらに、維新体制を開始したばかりの政府にとって、韓日修交や三選改憲政局において韓景職ら教会指導者たちが反政府的姿勢を示したことは大きな負担であり、したがって教会を懐柔することはもっとも大きな課題であった。この時期、韓国でビリー・グラハム自身も驚いたほどの大規模伝道集会が可能だったのは、こうした前例のない政府による好意のおかげであった。そしてその結果、信徒数がとてつもなく増加した。

もちろん、趙鏞基などの復興師たちもこの大規模復興集会に参加した。けれども、この時の大々的集会は純福音教会が行ってきた典型的韓国式復興集会とは全く異なる形式を帯びていた。いわゆるアメリカ式復興集会が開かれたのだった。

▼洗練されたアメリカ式、熱狂的韓国式

ここで、趙鏞基式復興集会とアメリカ式復興集会の対照的な光景を見てみよう。ドラと太鼓の繰り返されるリズムが緊張と慰めを与えながらクライマックスへと向かう韓国の典型的な復興集会では、あたかも間の手を入れるかのように、大衆が手を打ち鳴らし床を転げまわる驚くべき動作が行われる。そして秩序とその解体が延々と繰り返される。ともに歩調を合わせて行動したかと思えば、ある者が「主よ！　主よ！」と大声で叫び、こぶしで胸を打つ。またある者は床を転げまわって痙攣する。復興師たちはこうした突発的な変数を復興師自身に集中させるよう活用し大衆の反応を誘導する。そのたびごとに大衆の歓喜は極まり爆発的に発散される。そしてそのような歓喜溢れる宗教的エネルギーを集中させることで、復興師は奇跡の治療師へと変貌し、その結果、治癒の奇跡が起こる。

一方アメリカ式復興集会はギターとドラム、電子オルガンを主な楽器にゴスペル風のメロディー豊かな音楽によって大衆をゆったりと包む。リズムとリズムの解体を繰り返すことで大衆を発作的なエクスタシー状態へと導く韓国の伝統的復興集会とは異なり、ここで音楽は周辺の多事多難な関係の網目から人々を一時的浄化へと導き、大衆をただ宗教的感性だけに集中させる働きをする。復興師は自分の内面に沈潜する大衆に寄り添い、内面の

2008年5月14日、汝矣島純福音教会で開かれた趙鏞基牧師「元老牧師」就任礼拝。

罪を呼び覚ます。その瞬間、人々は罪を自覚し宗教へと帰依する力が身体を包む感覚を得るのだ。

残されているのは宗教的帰依を行動によって表現することだけだ。復興師は目を閉じるようにと促してから静かに彼らの内面をノックする。心の扉を開けば、あとは手を挙げるだけだ。誰も知らない、自分と復興師だけが知っている行動だ。復興師は、手を挙げた人々にその場から立ち上がり前に出るようにと促す。するとあちこちに散らばっていたスタッフがさっと彼らに近づき手を取って祈り、共に歌を歌う。そして大衆全体が共に手を取り左右に体をゆすり、祝いの歌を歌うと集会は終わりとなる。そのあと彼らはスタッフの手引きで各教会、あるいはパラチャーチの一員として編入され訓育されていく。彼らは純福音教会の区域長とは異なり、成功主義の伝承者というよりは対話によってメンターの役割をとる。

このように、アメリカ式の復興集会は人々の存在の奥底まで暴くようなことはしない。そのようなエネルギー発散の代わりに、洗練された宗教的感性に身体の一部を委ねさせるのだ。そうして教会の一員となった人々は、今度はそれを管理するシステムの一員として訓練され組織化される。これはまだ存在の奥底が枯渇してはいない人々、ご利益に期待することなく生の品位を維持することのできるような人々に寄り添った宗教性といえるだろう。市民層の大々的教会流入の契機は、まさにこうしたアメリカ式復興運動の力によるところが大きい。

▼アメリカ式教会文化と「無意識の植民地主義」

　ところでこの時期の復興運動は大規模集会だけによって行われていたのではない。各個教会や大学のキャンパスでは中小規模の復興集会が活発に行われていた。そして新しいタイプの復興師たちが誕生した（相変わらず典型的復興集会が教会を中心に盛んに行われてはいたのだが）。アメリカから派遣された宣教師やアメリカ留学経験者、あるいは名門大学出身の復興師たちが登場した。彼らは病の癒しの能力ではなくモダンな話術によって復興集会をリードした。洗練された容姿、知的発想と言葉づかい、特に英語の過度の使用が彼らの特徴だった。

　60、70年代のアメリカでは長老教会よりもむしろバプテスト教会にふさわしかった復興運動の風景は、70、80年代の韓国では教派ではなく階層的羨望意識ともいうべき信仰スタイルとして輸入され、人々に広く知られていった。韓国社会の早い成長は市民階層のための新たな大衆文化を必要としていた。テレビ時代とともに一気に広がった欧米の大衆文化はそのころすでに一部の人々に模倣され始め、モダンな社会に向けられた羨望の対象の座を占めていたが、アメリカ式復興集会はそうした模倣の代表的事例だった。先進国の一員になりたいという欲求が文化的植民地化として具体化した。

　このような復興運動の隆盛は、市民社会における教会イメージをモダン空間として定着させる契機となった。そして市民階層、特に青年や大学生が大々的に教会に流入する背景となった。ところでこのような市民の信者化現象は教会にも大きな影響を与えた。教会はもはや反共的テロリストの根拠地ではいられない時代となったのだ。

毎週日曜朝、駐韓米軍放送（ＡＦＫＮ）を通してアメリカのクリスタルカテドラル（Crystal Cathedral）の礼拝中継が流される。ロバート・シュラー（Robert Harold Schuller）牧師の洗練された衣装と所作、形式にとらわれず進行する礼拝のスタイル、さらには礼拝堂内のモダンな雰囲気はもちろん、教会の芝生に座って礼拝に参加する信徒たちのくつろいだ姿は、あたかも福音主義こそが安定し自由でくつろいだ暮らしそのものであるかのような仮想体験として人々に受け止められていた。

ここでは、信仰はすなわちアメリカだった。韓国教会のモデルはすなわちアメリカ教会だという思いがビジュアルを通して自覚された。それは、逐語霊感主義に基づく説教の中にではなく、すべての人々の感覚の中で体験されるものだった。このような流れの中、純福音教会は趙鏞基の「三拍子救済論」をロバート・シュラー式のポジティブシンキングと結合させ、自己肯定の開発主義信仰を人々に広めた。また永楽教会などの大型教会は莫大な費用をかけて礼拝堂を建て直し、プロの聖歌隊を雇い、牧師が知的レベルの高い説教を準備するためのスタッフさえも動員した。一方、病の癒しをも可能とする牧会者のカリスマ的リーダーシップは相変わらず強力な影響力を発揮していたが、他方では、いわば高級化した市民的教会がいよいよ姿を現し始めていた。

要約すれば、70、80年代基層大衆の信者化は病の癒しと「自分も金持ちになれる」という希望を信仰化することで大々的な成功をもたらした。一方この時期に起こった市民階層の大々的信者化現象においては、豊かさに向かう積極的自己啓発言説の信仰化が有効だった。先進国の豊かさを共有したいという消費主義的ファンタジーがここに介在した。韓国社会が本当の意味での消費社会に突入する前のことだ。だから消費は夢として、ファンタジーとしてのみ存在する時期だった。このとき国家は、こうしたファンタジーを通して社会的統合を実現しようとしていた。教会は駐韓米軍放送を通して、国家よりもさらに新鮮にこうしたファンタジーを宣教の次元で実現した。70、80年代の大復興期、アメリカ主義はこのような形で文化的に体感されていた。教会を中心として「無意識の植民地主義」が韓国社会に定着したのは、このような背景によるといえるだろう。

アメリカンスタイルの礼拝

青年世代の文化戦争

1970、80年代前後の前代未聞の大復興期に、大衆が教会に流入した経路は二つに大別される。「純福音現象」を代表とする祈祷院式復興運動がその一つであり（僕はこれを先に「祈祷院の教会化」と呼んだ）、ビリー・グラハムを代表とするアメリカンスタイルの復興運動《リバイバル》がもう一つだ。前者が都市へと流れ込んだ離農者たちの教会流入と関連があるとすれば、後者は都市市民階層の教会流入現象と関連している。

後者についてはそれとは異なった側面を論じる必要があるだろう。それは戦後の市民階層、特に青少年世代の「ロマン的モダン体験」に関するものだ。教会は彼らのモダン体験の主な場所／現場だった。

▼フォークソングと福音聖歌、戦後世代青少年のモダン体験

70年代、いわゆるフォークソング文化が戦後青少年世代のモダニティ体験の支配的様式

として猛烈に拡散していたころ、讃美歌〔原語は賛聖歌〕を歌っていた青少年の間でも重要な変化が表れ始めていた。

　当時教会が使っていた讃美歌には教団分裂がそのまま反映されていた。１９４９年、諸教団が連合して「合同讃美歌」が作られた。59年、韓国プロテスタント最大教団であり反共主義キリスト教の温床だった大韓イエス教長老会が、世界教会協議会（ＷＣＣ）に対する態度を巡って二分する事態が生じた。実際にはこの分裂は理念と地域感情を巡る問題から生じたものだったが、平安道《ピョンアンド》を中心とした西北系主流派から黄海道《ファンヘド》を中心とした他の西北系集団が離脱し、後者はＷＣＣに左傾勢力との烙印を押したのだった。前者を大韓イエス教長老会「統合派」、後者を「合同派」と呼ぶが、この分裂はこれまでの他の教会分裂とは異なり規模が大きかった。さらにこれは長老教会内部の分裂を超えて、韓国プロテスタントを両陣営に二分する契機ともなった。当時長老教に次ぐ規模の教団だったメソジスト（監理教）、ホーリネス（清潔教）もＷＣＣ問題によって二分化していた。そしてＷＣＣに親和的な韓国キリスト教教会協議会（ＮＣＣＫ）加盟教派と反対教派間の葛藤も始まっていた。

　いずれにせよ、こうした分裂の一つの現れとして異なる讃美歌集が作られたということなのだが、合同派が中心となり、長老教の他の一派である高麗派（神社参拝に対する悔い改めを主張し１９５１年に主流長老教から離脱した教派）を含む大多数の小規模教団が使う「新讃美歌」が１９６２年に作られ、これに対抗してＷＣＣ支持教団である統合派以外のキリスト教大韓監理会、韓国キリスト教長老会、キリスト教大韓清潔教会など、当時比較的規模の大きな教団が連合して「改編讃美歌」が作られた（1967年）。

　異なる讃美歌を使うということは、聖書解釈を異にするよりも大衆に及ぼす波及効果が大きい。この点において教団分裂に対するキリスト教青年層の反感は小さくなかったのだが、まさにこの時、アメリカから入った新しい福音歌謡（CCM＝Contemporary Christian Music）が紹介され始めた。これは、当時翻訳歌謡としてすさまじい勢いで拡散していたアメリカのフォークソングに対する好意的なイメージと結びつくことで、急速に広がった。

　当時CCMは「福音聖歌」と呼ばれていた。ところで大部分の教会は「福音聖歌」を「讃美歌」より劣ったものと評価し、礼拝での使用を禁じていた。けれども実際「改編讃美歌」や「新讃美歌」に収録されていた曲の大部分は、西洋キリスト教の伝統的讃美歌ではなく、19〜20世紀のイギリスとアメリカのリバイバル集会で用いられた歌、つまり当時のリバイバルソングだった。もとより「讃美歌」と「福音聖歌」という分類も明瞭ではないが、さらに大きな問題はそれぞれの讃美歌集に収録された英米式リバイバルソングが韓国では普遍的意味での賛美の聖典（Canon）として受容された点にある。信仰を歴史の外側、すなわち神的時間に帰属させなければならないという論理に基づいて進められたこれらの作業であったが、この神的時間の意味コードは西洋的観点によってつくられたものに他ならない。そこにはもちろん人種的・性的・階級的偏見が随所に潜んでいた。このような信仰の植民地主義、西欧中心主義の影響は、「新讃美歌」の中に韓国人が作詞作曲した作品が2曲（全678曲中）、「改編讃美歌」の場合にも27曲（全600曲中）しか含まれていないという点に如実に表れている。韓国人の手による作品の大部分も韓国的現場性を表現しきれてはいないのだが、そもそも韓国人は讃美歌創作の主体にはなれなかったのだった。

さらに、当時の教会はオルガンとピアノを、礼拝で用いることができる唯一の楽器と定め、それらの楽器は和声とメロディーを演奏することに限定されていた。さらに讃美歌を歌う歌唱法においても、おおむね「打令調《タリョン》」〔朝鮮の古謡調〕か日本歌謡風だった。

しかし青年世代は讃美歌よりむしろ福音聖歌を好み、ピアノやオルガンよりもギターを好んだ。彼らはこれらの歌を、感情に深く染み入る打令調や日本歌謡のような歌い方ではなく、感情をおさえた「フォークソング風」に歌った。そして彼らは、礼拝を除く多くの公的・私的集まりで福音聖歌を歌った。先述した、学生街を席巻したアメリカ式復興集会はまさにそうした例であり、福音聖歌によって教会の青年会、修養会、「文学の夜」のようなプログラムが活気づいた。もちろんその他の私的集まりでも福音聖歌が歌われた。こうして青少年キリスト者たち固有の空間が過去に比べて著しく活性化したのだった。

これらの空間で青少年たちは上の世代が体験することができなかった新しい文化を実現した。ギター伴奏で福音聖歌を「シングアロング」し、リズムと様々な遊びがこれに付随した。特に修養会などで男女がともに踊るフォークダンスはこの頃の青年文化の絶頂とい

1980年代、明洞聖堂前でクリスマスイブ野外コンサートを聞く大学生。

っても過言ではない。また、クリスマスの「オールナイト」と明け方に賛美歌を歌って街中を練り歩く「早朝ソング」は、日頃不可能だった通行禁止の禁忌を破る境界越えの快感をも与えた。

またこのころ盛んに行われた「文学の夜」は、詩の朗読、歌、演劇、コントなど青年たちの総合文化イベントだった。これは、他律的で暴力が横行する学校や、旧態依然たる常套句ばかりが並ぶ教会の教えからある程度自律的な空間だった。このような非制度領域での読書、演技、歌の体験や文集づくりなどは、遊びの中だけでは満たされない青少年世代の主体化の基盤となった。そしてこれらの運動は、国家や教会当局が意図しない青少年世代の主体形成空間として教会の青少年空間が活用されていたことを意味している。こうして70年代から80年代中盤まで、キリスト教は大衆、特に青少年世代にとって魅力的な文化空間として記憶されることとなった。

▼青少年の情熱と冷戦の間に揺れる教会

この時期、教会で生じていた戦後世代の青少年たちのモダン体験は1960、70年代アメリカのモダン文化からの圧倒的な影響を受けていた。彼らは自分たちの日常に寄り添いつつそこから自分たちのアイデンティティを問うのではなく、60、70年代アメリカの青少年文化の一面を模倣することに終始していた。これについては様々な評価が可能だ。否定的な面だけを指摘するなら、制限された空間で実験的に行われるこれらの体験は、しばしの間、自らを羨望の主人公と見誤る、いわば「シンデレラ・シンドローム」にすぎなかった。

かつて、植民地時代のキリスト者たちも同世代の人々に比べれば「よりモダン的」だったといえるだろう。彼らのモダン体験の重要な解釈的基盤は、当時朝鮮に来ていたアメリカ人宣教師たちの信仰がそうであったようにアメリカ的ファンダメンタリズムだった。もちろん彼らも日常的には日本によって推進された近代化の深い影響の渦中にあった。ただこうした経験を解釈する主たる認識論的枠組みの一つがアメリカ式ファンダメンタリズムだったという点に彼らの特徴がある。

一方アメリカの戦後世代は、テレビとともに拡散した大衆文化、特に消費社会の個人化と世俗化の風潮の中で既存世代との激烈な文化闘争を繰り広げながら、新たな文化現象を定着させていった。アメリカの新しい文化現象が流入した韓国はといえば、いまだに消費社会とはいえない段階にあり、個人化と世俗化の風潮もさらに低調だった。このように大衆文化が盛んになるための社会的基盤が貧弱であったにもかかわらず、60年代以降のアメリカ的モダンはアメリカに対する羨望と結びつきながら猛烈な勢いで受容された。そしてこのような文化商品は熱烈な消費者たちに個人主義に対するロマンチックな情熱を呼び覚ました。志向する対象（個人主義）と身体に染みついたもの（軍事的集団主義）とが絡み合った肉体。それが70、80年代の青少年に共通した存在論的状況だった。このように異質なものの結合は深刻な「存在の不安」をもたらしていた。

存在の不安はアイデンティティの危機を招来する。存在は安定した自己意識を希求するが、異質なものの結合が引き起こす意図せぬ身体的反応は、徐々に思いを行動へと移す動力となる。感情理論が主張する、思いが行動へと移る条件とはどのようなものかということは、この時期の青少年たちの存在状況から類推すればわかるだろう。自分たちの行動を説明する努力が旺盛になれば（経験の言語化）、人はそれにふさわしい新しい知識、新しい文化を貪欲に模倣するようになる。80年代の青少年が知的・理念的模倣に積極的であったとすれば、70年代は文化的模倣がさらに熱を帯びていた時代だったといえるだろう。

このころ、教会の青少年も同じ経験をしていた。彼らはあまりに集団主義的な社会的ベース（外面性）に従順に同調することなく独自の「内面性」をいち早く発展させ、既存世代とは異なる信仰運動を急速に展開した。このような様相は大きく分けて三つの方向に向けられたが、僕はこれらを領土の内部化と辺境化、そして脱領土化と呼んでいる。

「領土の内部化」とは、青少年がもつ感受性を教会内に軟着陸させる形式だが、新しい文化的感性を教会の下位領域ではなく中心的信仰制度として領土化しようという運動だ。これは新しい感受性を反映する教会改革の流れを示すものだが、今日、大型教会へと成長したいくつかの教会、あるいは批判的な福音主義教会運動に結実していた。

「領土の辺境化」とは、教会に平行してその外部に対案的信仰空間を作る方式であり、宣教と聖書研究を中心としたパラチャーチ（ＵＢＦ、ナビゲーター、ＩＶＦ、ＣＣＣなどの宣教団体）が主たるモデルとして制度化された。

最後に「脱領土化」とは、教会のアイデンティティに対する急進的「解体主義」と新たな再構成を志向する急進的モデルとして、民衆神学運動や民衆教会、あるいは新しい実験的教会運動などの試みの中に現れている。

このように70、80年代の教会は、同時代の韓国社会のいたるところでそうだったように、文化的闘争が激烈に展開するもう一つの場所でもあった。けれどもこの時期、大部分の教会はこうした変化に積極的ではなかった。先述したように、教会の権威者たちは福音聖歌を讃美歌よりも低いものとみなしたり青少年たちの文化的アイコンの一つであったギターを礼拝の外部へと排除したりするような守旧的態度のほかに、パラチャーチのようなスタイルに対して排他的な態度を示していたが、これによって青少年の信仰的情熱がパラチャーチに引き抜かれる結果を招いた。すなわち、情熱的な信仰を持つ青少年たちは教会を離れ、あるいは守旧的信徒として教会に残りながらも外部の宣教団体の積極的活動家になるといった結果が生じていた。

最近、韓国キリスト教の間で海外宣教がブームとなった時、教会が組織した数多くの短期宣教チームは、宣教地のどこにおいてもパラチャーチなどで訓練を受けた宣教師たちの手引きとコーディネーションなしには何もできない状態だった。いわゆる「攻撃的宣教」に対し教会が本格的な取り組みを考えたとしても、それが実効性を持つためには現地での経験を積んだ人材がいなければ意味をなさないだろう。この事を考える上での象徴的な事例が、2007年に起こった「ブンダンセンムル教会」事件だった。アフガニスタンで韓国キリスト教徒23人がタリバーンに拉致され、2名が殺害され、残り21人が43日ぶりに釈放された事件だ。彼らは「攻撃的宣教」志向を公言する代表的教会のひとつではあったが、実際この教会が派遣した短期宣教チームの活動は他の教会からの短期宣教チームとこれといって異なる点もなかった。

このような海外宣教のノウハウは、かつて教会から宣教団体に引き抜かれた情熱的信徒たちの活動を通して蓄積されたものだった。彼らパラチャーチは攻撃的海外宣教の先駆者としてその基礎をつくったのだった。一方、最近になって諸教会の間で熱心に行われている聖書研究会のような信仰活性化プログラムもまた、主にこの頃教会よりもパラチャーチで情熱を燃やしていた人々によってその原型がつくられた。

80年代以降、戦後世代のモダン体験に対する批判的反省は厳しさと激しさを増している。しかし教会は、70年代のアメリカ式モダンの模倣に始まり、先に3つに要約した変化の試み（領土の内部化、辺境化、脱領土化）に対してあまりに保守的態度を示していた。その結果プロテスタント教会は韓国社会の自己刷新過程において最も遅れている代表的空間の一つとなっている。これは特に、若者たちによる好感度低下の契機となった。こうして80年代後半には青少年たちが本格的に教会から離れ始めることとなる。そして2000年代に入り、すべての年齢層における減少が明らかとなり、社会的信頼も急激に落ち込むことになるのである。

葛藤する神学

教会vs神学

先述の通り、1970年代、1980年代前後の時期にプロテスタントが成し遂げた著しい量的成長の要因は三つに大別できる。第一に、都市貧民に編入された離農民たちの大々的な信者化、第二に、ビリー・グラハム伝道集会をはじめとする大規模宣教大会を媒介とした市民階層の広範囲な改宗、第三に、モダン体験の文化空間に押し寄せた戦後青少年階層の教会流入だ。

ここでは、こうして大型化した教会を「教会の神学」の観点から検討してみようと思う。韓国教会が初めて神学的に自らを語り始めたのはまさにこの時期だったが、神学校や神学者たちはこうした教会の神学に対し無関心あるいは批判的だった。すなわち教会の神学と大学の神学は多分に対立的な関係にあった。このことは、この時期の韓国キリスト教を理解する上でのキーワードの一つだ。以上の観点から、韓国において起こった「神学対神学」、あるいは「教会対神学」の緊張と葛藤の様子を見てみよう。

▼純福音神学、「成長至上主義」の勝利

各教派の信徒統計を合計した数値によれば、プロテスタント信徒の総数は１９６０年に60万をやや上回っていたものの、１９９０年には実に１０００万人を超えた（在籍信徒統計は複数の教会に籍を置く信徒、また軍隊で洗礼を受け除隊後は教会に出席しない者も含まれているため実数よりかなり誇張されている）。このような量的爆発過程において大型教会が登場した。韓国プロテスタントの爆発的成長はこの時期浮上したいくつかの大型教会によって導かれたといっても過言ではない。１９６０年代に５０１１であった教会数は１９９０年には３万５８６９と約６１５パーセントの増加を示したが、その中で未自立教会の比率は70～80パーセントに及んでいる点と大型教会の登場と躍進の推移とを比較すれば、韓国プロテスタントの成長がいかに大型教会だけに偏っているかを知ることができる。

この中で趙鏞基《チョヨンギ》の純福音教会の成長は想像を超えている。１９５８年の創立当時、信徒５人であった教会が１９９３年には60万人、35年間でおおよそ12万倍に成長した。このような純福音神話は、１９８０年代から異端の嫌疑が本格化したとはいえ、教派を問わず多くの教会と牧会者たちの語りぐさとなり、明示的であれ暗示的であれ羨望と模倣の対象となった。こうして量的成長が爆発的に生じたこの時期、いわゆる純福音現象が韓国教会全体を席巻した。

際立っていたのは、病の癒しや異言などの「神癒（恵み）体験」が数多くの信徒たちを

取り巻いていたということだ。当時、これらの霊的能力を備えた多くの復興師たちが教会を巡ってはリバイバル集会を行い、教会はこれを定例化した。また、同じような力を持つ信徒たちも教会を巡りながら「証し」を披露する集会を行ったが、彼らは次第に牧会者との葛藤を生んでいった。また、教会を巡りながら牧会者の神癒力を比較して回る信徒も少なくなく（このような教会巡りが在籍信徒数と実数の差を広げる原因の一つとなった）、この時期、多くの牧会者と信徒が霊能者のいる祈祷院を訪ねた。そうした中、野外の祈祷院は病の癒しに代表される霊的体験を渇望する人々の熱狂的祈りにあふれ、そこはまた復興師を目指す人々の訓練の場でもあった。

もちろん純福音教会だけがこうした現象を誘発させた要因だと考えるのは誤解だろう。このような現象が活発になった時期が朝鮮戦争以降である点を無視してはならない。けれども趙鏞基の純福音教会がこのような霊的治癒現象を韓国プロテスタントの復興集会的熱狂的信仰様式へと転換させた主役であった点については疑う余地がない。

それだけではない。純福音現象はカリスマ中心的信仰スタイルを蔓延させただけでなく、韓国教会と牧会者、また信徒たちの信仰的通念に著しい変化を引き起こした。癒しに代表される霊的体験は「日常に割り込む非日常」だ。これらの体験に日々の暮らしと記憶を揺り動かされ、人は新たな身構えで今に立ち向かい生きるための原動力を得る。けれどもこうした体験はすべての人に現れるわけではない。これらの体験は、宗教現象学的に言って、所得水準と学歴が低く、男性よりもむしろ女性、また老齢あるいは年長者により多く現れている。そして実際には、間接的体験を含めた場合でも神癒体験者の数は決して多くはなかった。

純福音現象のもう一つの側面は「日常に割り込む日常」だ。「成功至上主義」がまさにその代表的事例といえるだろう。健康と財産という祝福が霊的祝福と互いに結びつく三拍子救済論は、都市貧民となった離農民たちの納得のいかない現実を克服するために必要な生の積極的な意思、と考えることができるだろう。それは成功のためにはあらゆる効果的な手段と方法を道具化しようとする人生の態度である。

▼「繁栄の神学」と中産層の欲望との結合

趙鏞基の三拍子救済論（霊、物質、健康の成功が救いの内容を構成するという主張）は、すでに奈落へと落ちた人々（都市貧民）の具体的苦痛に由来する信仰言説を出発点とするものだが、それは特別な人ではなくすべての人の欲望を信仰化したものだと解釈することができるに違いない。言い換えれば、これは貧しく病んだ人々の救いに関する神学ではなく、豊かで健康管理体系の恩恵をも受けている人々が、自らの豊かさを正当化するためにも有効な神学とみなすことができるだろう。

さらに、戦後の反共的憎悪の体制が経済発展のための総動員体制でもあったこの時期にあって、支配的な制度化の論理はいわゆる成功至上主義であっただけに、三拍子救済論的信仰は一種の時代精神のようにおよそすべてのプロテスタントの思考を生け捕りにすることができた。こうした信仰理解は1970年代終盤以降、一つの神学として位置を占めることになる。アメリカの「繁栄の神学」(prosperity theology)が韓国の大型教会的信仰と結合することで生まれた神学だ。

アメリカの繁栄の神学は1960年代後半の新しいリバイバル運動の過程で登場した成功至上主義神学だ。法学者でありアメリカ教会協議会(NCC)の運営委員でもあるディーン・ケリー(Dean M. Kelley)がとらえたように、この時期アメリカの主要教派と教会は成長が止まるか減少し始めていた反面、新しい福音主義グループや教会は急激な成長を遂げていた。

このような成長に対する神学的叙述として登場したのがいわゆる「繁栄の神学」だ。「積極思考」(Positive thinking)を神学のキーワードとして提示したノーマン・ヴィンセント・ピール(Norman Vincent Peale)がその先駆者であり、彼の考えを牧会に適用することで著しい成功をおさめたクリスタルチャペルの牧師ロバート・シュラー、*The Purpose Driven Life*(邦訳『人生を導く5つの目的』)を書いたサドルバック教会の牧師リック・ウォレン(Rick Warren)、*Your Best Life Now*(邦訳『あなたはできる』)の著者であるレイクウッド教会牧師ジョエル・オースティン(Joel Scott Hayley Osteen)など、アメリカの代表的大型教会牧師たちが繁栄の神学を先導した人々だった。

要するに、繁栄の神学は1970年前後に急浮上したアメリカ版大型教会(「メガチャーチ」はまさにこのような大型教会を指す言葉だ)の自画像として登場した神学であり、

릭워렌 초청 목적이 이끄는 교회 컨퍼런스

郵便はがき

料金受取人払郵便

小石川局承認

6313

差出有効期間
2026年9月
30日まで

112-8790

105

東京都文京区関口1－44－4
宗屋関口町ビル6F

株式会社　新教出版社　愛読者係
行

<お客様へ>
お買い上げくださり有難うございました。ご意見は今後の出版企画の参考とさせていただきます。

ハガキを送ってくださった方には、年末に、小社特製の「渡辺禎雄版画カレンダー」を贈呈します。個人情報は小社、提携キリスト教書店及びキリスト教文書センター以外は使用いたしません。
●問い合わせ先 ： 新教出版社販売部　tel　03－3260－6148
email : eigyo@shinkyo-pb.com

今回お求め頂いた書籍名

お求め頂いた書店名

お求め頂いた書籍、または小社へのご意見、ご感想

お名前	職業

ご住所　〒

電話

今後、随時小社の出版情報をeメールで送らせて頂きたいと存じますので、お差し支えなければ下記の欄にご記入下さい。

eメール

図　書　購　入　注　文　書

書　　　　名	定　価	申込部数

文字通り神学のキーワードを「繁栄」に置いている。繁栄という目標を信仰的リアリティーの最上位に置き、そのために自らの内面を積極的に構成していく自己啓発的な態度を強調するのだが、これは19世紀から20世紀へと移る時期に浮上し共同体性を強調した伝統的福音主義とは異なる新たな福音主義神学の登場だった。その意味において、繁栄の神学が備えている信仰様式を「新福音主義」と呼ぶわけだが、新自由主義的成功言説の元祖ともいうべき言説様式はまさにこのアメリカ版大型教会の神学に由来している。

趙鏞基は、少なくとも1970年代後半から本格的にロバート・シュラーの影響を受け、繁栄の神学を土台に純福音教会の神学を発展させたように見受けられる。この頃、他の大型教会の牧師たちも競うように繁栄の神学を輸入していたので、繁栄の神学は急速に韓国プロテスタントの「教会の神学」としての座を占めるに至った。信徒たちは教会を通じて繁栄の神学の積極的で肯定的な自己啓発を一種の信仰的価値観、あるいは倫理観として受容した。こうして、彼ら繁栄の神学の中心人物たちの著作は飛ぶように売れ、教会が行う種々の自己刷新プログラムの神学的骨格となっていった。

趙鏞基の三拍子救済論には、多分に奇跡的治癒の力に依存したカリスマ的ご利益信仰の要素が強いが、これは中産層の男性や学力水準が高く合理的な思考を好む青年層が用いる記号にはマッチしていなかった。すなわち、従来の三拍子救済論のイメージは普遍的神学としてはふさわしくないとみなされていた。けれどもロバート・シュラーの繁栄の神学を借用することで、趙鏞基の三拍子救済論はモダン言説のイメージへと刷新された。これに

（右頁）2006年7月13日、ワールドカップ競技場で開かれたリック・ウォレン牧師講演会の様子。

よって、それまで純福音教会に対して違和感を持っていた人々にも趙鏞基が影響力を持ち始めたことを意味している。こうして、趙鏞基とロバート・シュラーの合作によるポジティブシンキングの信仰／神学言説は1970年代大型教会の神学として多くのプロテスタント信者と牧師たちの思考を支配した。

▼教会vs神学、葛藤の始まり

一方、プロテスタントの教勢が急成長していた時期、各教団は増加する一方の牧会者需要を充たすため、牧会者養成のための神学教育に活発な投資を始めていた。この点に関して、教団分裂の影響は神学教育熱のもう一つの動機となっていた。教団間の競争は教会数のみならず、自分たちの教団の神学的色合いを明確化する点においても加熱した。急成長期の教会には神学教育の内容に関与するだけの余裕はなかったものの、神学校に対する投資は過去に比べ活発になっていた。そして海外で新しい神学を学んだ学者たちが続々神学大学へと流入した。神学大学が量的・質的に急成長するきっかけが整ったわけだ。

この他にも、先述の通り、最大教団である大韓イエス教長老会の大規模分裂を招いた「世界教会協議会」（WCC）加入問題を巡る分裂（統合派と合同派）もまた韓国のプロテスタント神学の質を急浮上させる要素となっていた。大韓イエス教長老会統合派を初めとして、韓国基督教長老会やメソジスト、ホーリネス、聖公会などWCC加盟教団の神学者たちは世界の現代的神学運動と交流する窓口を持った。特に、当時ヨーロッパの教会が盛んに論じていたマルクス主義との対話、あるいはアジアの諸宗教との対話のようなホットイッシューを論じる専門的神学者が続々登場するようになった。また、第二次世界大戦後に「アウシュビッツ以降の神学」運動が生じるとユダヤ教との交流が本格化し、第二バチカン公会議（1962～65）を経たカトリック教会が現代的神学との対話を始めるとWCCを媒介とした神学的対話の場はよりいっそう広がった。

ところで、神学教育が活性化したことで教会と神学との間の対立も本格化した。神学大学ごとに「神学は教会に仕えなければならない」というような綱領が作られはじめた。神学者たちはヨーロッパ先進国の神学こそが真に教会のための神学であると考えており、教会は教会で、神学大学が排出する学生たちは教会現場では役に立っておらず、神学者たちの言語もまた牧会の助けにならないという不満を抱いていた。

それでも神学と教会が互いに協力的になる時がある。それは主に他教団の神学や信仰を批判するような場面だ。1980年頃から韓国の主要教団は純福音教会に対する批判を本格化した。牧師たちは異端の嫌疑について語り、神学者たちは「繁栄の神学」を批判し始めた。繁栄の神学は苦難の側面を無視し祝福だけを強調している、というのが批判の主な内容だ。1943年、ヒトラー暗殺計画（いわゆるワルキューレ事件）に加担し処刑された神学者ボンヘッファー（Dietrich Bonhoeffer, 1906-1945）が、ナチスの成長主義を支持した教会を指して語った「安価な恵み」という言葉が、このとき繁栄の神学を指す言葉として再活用された。

　ところが、繁栄の神学はこのときすでに純福音教会だけの神学ではなかった。それは大型教会の自画像としていち早く拡散していた。つまり神学者たちによるこのような批判は大型教会の神学に対する批判であると同時に、大型教会を羨望の眼差しで見つめ模倣しようとする中小型教会の神学に対する批判でもあり、教会を通じて牧会者たちの神学的言説に同化した信者大衆の信仰（的欲望）に対する批判でもあった。これらの理由により、神学と教会の間には高い障壁が生じ、進歩的神学は韓国教会における影響力を失い孤立した空間の中にとどまらざるを得なくなっていった。

　この時期、神学がもっとも強い影響力を及ぼしていた領域は教会ではなく教会の外であり、その神学は教会的神学ではなく批判的神学であった。そしてそれが強い影響力を持ったのは、保守ではなく進歩的立場の人々に対してだった。こうした状況は、１９９０年代後半以降、教会と神学間の戦争において教会が神学を征服し無力化するようになるという事態の出発点でもあった。

神学の春

WCCの波と進歩神学との出会い

韓国神学が花開いた時期は1970年代だ、と柳東植《ユドンシク》（1922〜）は1982年に発表した『韓国神学の鉱脈』（邦訳『韓国キリスト教神学思想史』2003）に書いた。僕はこの時期を80年代まで延長してもかまわないと思っている。先述のように、この時期に韓国教会は韓国版「繁栄の神学」を発展させている。学問的体系やその成果の量において翻訳神学が盛んになった時期は90年代後半のように見えるが、アメリカの学説を韓国の状況に適応させた一部大型教会牧会者たちの創造的再解釈が目立つのは、なんと言っても80年代だった。

一方、「韓国的」進歩神学の時代も70〜80年代に到来した。ここでは韓国教会の状況と進歩的神学の活性化の問題を論じてみよう。

▼WCC問題と「神学の春」

このテーマを論ずるためには、まずプロテスタント各派間の分裂問題から始めねばならない。「分裂史」は三つに大別される。第一の分裂を簡単にスケッチすれば、神社参拝を拒否した人々を主軸とした「高神派（高麗派）」が１９５１年に分裂し、53年には現代神学を受容する韓国基督教長老会（基長《キジャン》）と、それを拒否する大韓イエス教長老会（イエ長《ジャン》）とが別れた。以上二つの分裂は植民地時代から芽生えていた分裂が朝鮮戦争の時期に教団分裂という形で現れたものだった。

第二の分裂は世界教会協議会（ＷＣＣ）に対する態度を巡って起こった。１９４８年、オランダのアムステルダムで44カ国１４７の教会代表が集まってＷＣＣが組織され、アメリカのエバンストンで開かれた第二総会で韓国教会が加入の申請をすると（１９５４年）、教会間の激烈な論争が始まった。その結果、１９５９年に長老派のＷＣＣ加入派・大韓イエス教長老会統合側（イエ長統合）と、反対派・大韓イエス教長老会合同側（イエ長合同）が、メソジストでは加入派・基督教大韓監理会（基監）と反対派・イエス教大韓監理会（イエ監）が、１９６１年ホーリネスでは加入派・基督教大韓清潔教（基清）と反対派・イエス教大韓清潔教（イエ清）に、それぞれ分立した（しかしホーリネスは結局ＷＣＣに参加しないこととなった）。そして60年代以降、ＷＣＣ加入反対の諸教団、特にイエ長合同側において無数の小さな教団が分立したことを指して第三の分裂と呼ぶ。

こうした分裂にもかかわらず韓国教会は急速な成長を繰り返した。これは教団間の加熱した成長主義競争の産物だ。それは教勢成長率が頂点に達した１９７５年の各教団における成長主義政策に如実に現れている。「イエ長統合」は2685の教会を84年までのわずか10年間で倍の5000に増やす計画を立案し、「イエ長合同」は2484教会を10年後には4倍の1万に増やすと宣言、「基監」は1万5000教会100万人信徒計画を立て、「基清」と「基長」は2000教会運動を開始した。これらは無謀ともいうべき行き過ぎた目標だった。

ここで注目すべきは、こうした教派間規模競争の中、神学生数が目標の数値に向けて急激に膨張した点だ。これは直ちに神学校への投資の急激な増大をもたらし、教員の需要もまた急激に増えた。一方、成長に余念がなかった教団の総会や個教会には、神学校の教授内容やその方法を統制する余裕がなかった。すなわち、投資は大幅に増えつつも学問的自立性において韓国プロテスタント史上最も充実していたのがこの時期だった。

教派所属神学大学間の競争に火を付けた中心テーマは、WCCに関するものだった。相対的に保守的な教派がWCCに反対した理由は三つだ。第一に、ファンダメンタルな信仰的立場に立っていた彼らにとって、カトリック、正教会、さらには三位一体論やキリストの神性を否定するユニテリアンまでをも含む教会一致運動は到底受け入れられなかった。第二に、彼らは他宗教との対話を強調する宗教多元主義を容認できず、第三に、WCCの共産主義容認嫌疑もこれに加わった。こうして保守教派の神学者たちは死力を尽くして自分たちの自閉的ファンダメンタル信仰を正当化しようと努力し、反共主義と信仰とを結合させようと努力した。

興味深いことは、これらの保守主義的教派神学者たちの積極的活動が民衆神学の発展に重要な影響を与えたという点だ。60年代後半、ラテンアメリカの解放の神学が西洋神学界を経由して韓国に伝わり、その頃活発だった西洋の急進的神学も新しい神学運動として韓国に紹介された。そして1970年の全泰壱《チョンテイル》（1948~70）焼身自殺以降、キリスト教青年たちによる神学と教会に対する問題提起と批判が活発に起こるようになった。これは韓国の一部の批判的神学者たちを「民衆」の神学化へと向かわせる刺激となった。それまで民衆は「国民」と同じように用いられる非政治的概念だったが、これらの批判的神学者たちによって「民衆」は、不義な体制によって搾取された基層大衆を指す政治的含意とともに用いられるようになった。

70年代中盤、こうした韓国的批判神学の現象に対し、保守主義的神学者たちが本格的な批判の刃を振りかざし始めた。これは先に見たように、保守主義競争を行っていた各教派と神学者たちが自分たちのアイデンティティを確かなものとしようとした結果でもある。また、親政府路線競争を通じて国家からの恩恵を受けようという方便もこれに加わっていたのだろう。けれども、思いもかけずこうした攻撃に対する反論のプロセスにおいて、民衆系列の神学者たちが自らの神学を「民衆神学」と規定することになる。すなわち保守的神学者たちとの論争の中で、最も創造的な韓国神学というべき民衆神学が胎動し始めたのだった。

1974年、NCC人権委員会が組織され毎年「人権宣言」を発表した。

▼進歩神学が花開く

一方ＷＣＣ支持教派の神学者たちは、国際的な規模の神学論議の場に参与することで新しく豊かな知的リソースと直接結びつく機会を増やすことができた。ＷＣＣの世界大会は7年ごとに開催されるのが原則だが、数十か国の数百教派から派遣された数千名の神学者たちと教会指導者たちが集まり、世界の問題を論じ合うキリスト教世界における最大行事だ。一つの会期の間に発表される文献だけでも数千編に及び、大会の議題はその後数年間に渡り世界の神学論議の場をリードする。この時に注目を受けた研究者たちは神学者として世界的な舞台に踏み出す機会を得ることになる。ＷＣＣに加入した韓国の各教派代表者たちと神学者たちは、まさにこうした神学の宝庫に接したのだった。

ＷＣＣで最も注目された神学言説は、特定の時空間とは無関係の教理的論議のようなものではなく、現場に対する神学的省察を盛り込んだ「文脈神学」（contextual theology）だった。ここでは地域的文脈（第三世界）とテーマ別文脈（セクシャリティ、民衆など）が含まれる。それはＷＣＣを軸とした世界の神学界がこれまでキリスト教を支配してきた西欧中心主義的言説様式を止揚しようとする努力と深く結びついていた。西欧神学は、自らもまた特定の時空間的文脈の産物であるにもかかわらず、超時空間的真理言説のように権勢をふるってきた。それは西欧帝国主義の歴史と軌を一にしており、西欧帝国の覇権主義と西欧キリスト教の宣教論は「双子」のようなものという問題提起だ。

こうした反省の結果として提起された代表的神学言説が「ミッシオ・デイ（missio dei）神学」だ。「神の宣教」という意味のこの用語は1952年に初めて用いられ、60年代に西欧神学に対する西欧人自らの批判的対案として確固たる位置を占めるようになる。これに対立する概念が「教会の宣教」だ。教会の宣教はそれまで世界を支配しようとしていた西欧帝国主義的宣教論に他ならない。そうではなく、もっとも低い場所でもっとも低い姿で世界と出会い世界に仕えようとする宣教論、それが「神の宣教」だった。

この概念が韓国に初めて導入されたのは1970年頃だった。そしてこれは韓国で西欧中心主義とともに大型教会中心主義に対する批判言説として受容された。教会の大型化が急速に進行しつつもいまだ際立った教会がなかった頃、そして繁栄神学がいまだに韓国の大型教会の自己言説として定着する以前、すでに韓国の一部進歩的な神学者たちは物量主義的教会に立ち向かい「神の宣教」を強調していたのだった。

「神の宣教」をいちはやく制度化しようとした教派が韓国基督教長老会（基長）で、これが教派内の種々の信仰宣言や人権指針、教育指針などに反映され始めていた。次章で扱う70、80年代韓国のキリスト教社会運動は、WCCを中心とした進歩的神学運動をもっとも積極的に受容し、またそうした神学のもっとも熱烈な消費者でもあった。「神の宣教」

神学は西欧の多くの現場における諸問題と結びつきながら登場した、いわゆる状況神学の支持理論となった。

韓国について最も注目された状況的要素は「分断」「軍部独裁と反民主的開発主義」、そして「他宗教」の問題だった。つまり国際的学問市場で韓国を代表する神学は「統一と脱分断の神学」「民衆神学」「宗教の神学」だった。こうした進歩的神学は、制度圏と非制度圏という二つに区別された学問の場でそれぞれ著しい発展をみせたが、後者についてはキリスト教社会運動を扱う次章で述べることとして、ここでは制度圏内部での進歩的神学運動について述べよう。

「統一と脱分断」の主題が主にヨーロッパとアメリカの宣教師派遣国や国際ネットワークを持つキリスト教組織に関係する学者たちの間で発展したとすれば、「民衆神学」は主に「基長」の韓国神学大学（現在の韓神大学）を中心に、そして「宗教の神学」は「基監」の監理教神学大学を中心に発展した。もちろんそれらがすべてではない。他の大学や機構の神学専門家たちも、たとえ少数ではあっても重要な活躍を見せていた。そして「統一と脱分断の神学」は、主にWCCなど国際的なキリスト教機構を場に展開された南北国家を枠組みとする政治神学のカテゴリーで、「民衆神学」は反独裁と関連した政治神学のカテゴリーで、そして「宗教の神学」は宗教間対話のカテゴリーで、それぞれ国際的に活発な討論を引き起こした。

これらの学者、活動家、牧会者などが主軸となり、WCC加入教派を含む諸教派の間では進歩的な文言が信条や宣言の形式で生み出され流通していた。一方教会現場は、そのほとんどが保守的であり、あるいは反知性主義的根本主義に傾倒していたが、教派や機構は等しく進歩的神学を基礎とする多様な活動を活発に展開していた。先述のように、これは教会が神学に対する支援を強めつつも学問的自律性を侵害できない状況で醸成された「意図せぬ結果」だった。このような事情はWCCを軸とする進歩的な神学の場が国際的な規模で展開された結果でもあった。韓国神学界のいわば「国際通」たちは韓国固有の神学の活性化を牽引した主役だった。

▼教会vs神学、その葛藤の中立地帯

一方、韓国教会の過大成長に関する神学的論議はそれほど多くなかったが、例外的にいくつかの研究が注目された。宗教社会学の分野で韓完相《ハンワンサン》（1936〜）は、発展至上主義による急速な離農現象がもたらした共同体性の喪失とアイデンティティの分解が心理的不安を引き起こし、その反作用の熱狂として教会の成長が生じたと分析した。比較宗教学の分野で柳東植は、巫俗《ふぞく》的伝統信仰と純福音教会の母性的聖霊信仰との構造的類似性を強調することで教会の急激な成長を解釈しようとした。しかしその他のほとんどの神学者たちは、急激な成長を聖霊の働きだとみなす安易な発言を繰り返すだけで、その文脈の解釈を試みようとはしなかった。さらに、韓国教会の解釈的枠組みである繁栄の神学に対する論議は、少なくとも90年代中盤に至るまで神学者たちによって試みられることはなかった。

つまり教会の急激な成長の問題は、国内の神学の場では「他人事」のようだった。多くの神学者はいかなる論理性もなく成長を自画自賛するか、反対に成長至上主義を批判した。一方教会は、宗教社会学や比較宗教学による学問的論議に対し神学的に反駁できなかったし、その関心もなかった。教会になしうる最も強力な反駁と言えば、せいぜい神学校は教会に有用な学生を排出できないと陰で不満を漏らす程度だった。少なくとも80年代まで、教会からの反駁が神学の内容と形式に影響を与えることはなかったのだ。

こうして、聖職候補生として教会で働きながら同時に神学大学で学ぶ神学生たちは、深刻なアイデンティティの混乱を体験しなければならなかった。もちろん学問の進歩性と教会の保守性の間に中立地帯がなかったわけではない。勉強を嫌うか教会をおろそかにするか、どちらか一方に傾いた極端な行動だけがアイデンティティの混乱を解消する唯一の選択肢ではなかったということだ。

それは、中立地帯を選択する神学者たちが思いのほか多かったことを意味している。現場性を無視したまま西欧中心的な古い神学言説をただ抽象的に繰り返し主張する神学者たちがいた。少なくとも当時の大学ではこうした姿勢が教会現場を尊重する姿のようにみなされていた。彼らが教会現場に有効な神学を教えるだけの言葉を持っていなかったにもかかわらずである。こうして神学生たちの間では、状況神学よりも西欧中心的抽象的神学を選択することによって葛藤の中立地帯へと逃れようとする者も少なくなかった。

後日、進歩的神学が後退し教会の統制が強化されたとき、このように中立地帯を選択した神学者と神学生たちが神学の流れの中心に立つこととなる。彼らは、かつてのような弱いアイデンティティではなく強いアイデンティティを持った存在として浮上する。

このように神学において「状況」の要素が後退し「西欧的抽象性」がさらに強化される現象は、韓国神学界が西欧神学の植民地となったことを意味している。それゆえ、神学の脱植民地主義化がいっそう重要になるのだ。

2008年7月3日、ソウル市庁前広場でNCC正義と平和委員会主催の時局祈祷会。集会の自由を訴えている。

창의 시정
국민을 이기는
대통령 어딨어
민주국가 대한민국
국민이 주인이다!!
우리는 촛불의 힘을
믿습니다!
화집회 보장을 위한
시국기도회
한국기독교장로회 총회 ▶

批判者の座

進歩的キリスト教社会運動の栄光

ここまでは今日の韓国教会を理解するために韓国キリスト教の過去の足跡をたどった。この作業の最後に、これまで語ってきた韓国キリスト教内部の進歩的運動がいかにして、成長主義にとらわれた大多数の韓国教会と異なり、「意味ある少数者」、批判者としての役割を担うことに成功しえたのかを検討しよう。制度圏〔公式的な教会組織〕内部で進歩的神学が活性化する現象については語ってきた通りだが、ここでは進歩的キリスト教社会運動と非制度圏の神学運動に注目してみたい。

▼貧しい人々の教会と進歩神学、労働運動に開眼する

第二次大戦以降、各国は急速な産業化と都市化のプロセスに入った。特に植民地から解放された第三世界の国々の多くが農業社会から産業社会への転換期を迎えた。帝国宗教としてのキリスト教という過去の汚名を清算すべく１９４８年に創設された世界教会協議会

（WCC）は、世界的かつ急速な産業化と都市化の中で「神の宣教」（Missio Dei）がいかに遂行されるべきかという課題に直面する。そこで「より人間的な」産業化と都市化はいかにして可能かを問う「産業宣教」論が浮上した。

当時WCC財政の4分の3を担っていたアメリカの教会は、こうした「産業宣教」をアジア地域に導入するための人的、財政的支援を拡大した。韓国においてもアメリカ教会の支援によって、1957年から「産業宣教」活動が始められた。

根本主義一色の韓国長老教会の宣教に最も大きな影響を与えていたアメリカ北長老会が、根本主義者たちの退潮を受けて進歩的なWCC運動に直接参加するようになると、この教団と内密な関係を維持していた韓国の多数派キリスト教勢力である大韓イエス教長老会も「産業宣教」を受容し始めた。特に1959年、大韓イエス教長老会がWCC加盟教派の「統合」派と反対教派の「合同」派に分裂した直後（けれども統合と合同の分割にはこうした神学路線上の違いだけでなく越南者勢力間の地域主義も大きく作用していた。つまり、「主流中の主流」である平安道系によって疎外された黄海道系「合同派」が分かれたのだった）。「産業宣教」プログラムは「イエ長統合」教団のエリートコースとして活用されもした。また韓国プロテスタントのもう一方の柱である監理教（メソジスト）も、アメリカ教会の影響によって「産業宣教」運動に熱心になっていった。

さて、都市化と産業化をいまだに経験していなかった韓国社会は、欧米が経験していた資本主義の文明論的病弊をいまだに知らなかった。韓国人にとって産業化と都市化は、貧しさの鎖から解放されるための明日の夢のように思われていた。一方、韓国における「産業宣教」の先駆者たちは「産業宣教」を、都市の工場労働者たちをキリスト教化することと理解していた。一般的にこのような宣教運動は「産業伝道」(industrial evangelism)と呼ばれた。工場を福音化することで労働者を勤勉誠実な労働へと導き、それによって工場も成功し、労働者自身もよりよい生活ができるようになる。これが産業の福音化を夢見る宣教論だった。

けれども「産業伝道」のスタッフとして現場活動に参与した彼らは、工場の現実がいかに非人間的か実感せざるを得なかった。アメリカ教会の「産業宣教」論を学びつつあった彼らの問題意識は、こうして新たな宣教理論と結びついていった。1968年、東アジア教会協議会(EACC)に集まったアジア諸国のキリスト教労働運動家たちは、「産業伝道」ではなく「産業宣教」(industrial mission)の必要性を明らかにした。このことは韓国における「産業宣教」運動が、労働者を欺き搾取する政府、企業、そして御用労働組合である韓国労組と対立せざるを得ないことを意味していた。こうなると大型教会は「産業宣教」に対する批判と警戒を強めざるを得なくなる。大型教会では企業関係者たちが中心的存在として座を占めており、親政府的で親企業的だったからだ。

これは大型教会だけの現象ではなかった。大型教会を夢見ていた教会、大型教会の論理とビジョンを疑うことなく模倣していた多くの中小教会、そしていずれは大型教会になることを夢見ていた大多数の教会にとっても問題は同じだった。このような教会では、労働者も神の召命を受けた者なのだから誠実に働き正直に生きるべきだと教えた。また、不義な権力だとしてもそれは神が認めたものだから抵抗せず服従せよと強調した。それゆえ多くの教会は、公然たる抵抗を夢見る労働者たちと「産業宣教」牧会者に対して、神の創造秩序を乱す者という烙印を押した。

けれども「産業宣教」運動がこうした抵抗に萎縮することはまったくなかった。当時大型化した教会が神学的な自己正当化論理を持ちえないまま、アメリカの翻訳神学を直輸入する未熟な神学化プロセスを経ていた反面、ＷＣＣ加盟教団を中心に進歩的傾向を帯びた神学者たちによって韓国の神学が主導されていたことは先述した通りだ。韓国の進歩的神学がＷＣＣを中心に飛躍的に活性化していた結果だ。これと同じ現象がキリスト教社会運動にも生じた。戦後初の進歩的キリスト教社会運動というべき「産業宣教」運動も、韓国の主流教会からの敵意と攻撃に負けず、その影響力は大型教会に比べて決して引けを取らなかった。それはＷＣＣの権威を背景に、少数でしかなかった「産業宣教」運動がキリスト教と非キリスト教を取りまとめる全世界的抵抗のネットワークを持ち得たからでもある。これは次第に韓国政府と企業に対する圧力となっていった。

キリスト教労働運動のみならず、キリスト教貧民運動もこの点において事情に大差はない。都市に流入した広範囲の貧しい人々を吸収しつつ、純福音教会のような世界に類例のない大型教会が台頭した。しかし、数十万人を集める彼らスーパーメガチャーチよりも、わずか数十名でしかなかった貧民教会が全世界からより大きな注目を集めた。１９７３年、わずか数カ所の首都圏の貧民教会を含む社会運動団体が集まり、「首都圏特殊地域宣教委員会」を作った。これらの教会はその後長い間、プロテスタントとカトリックの進歩的有力人士たちが韓国を訪問する際には必ず立ち寄るコースとなっていた。彼らの主張は、キリスト教と非キリスト教を含む世界的な大衆メディアを通じ、世界のあらゆる場所に知らされた。

キリスト教農民運動、キリスト教青年・学生運動、民衆教会運動、キリスト教人権運動など、70、80年代に活発だった各種キリスト教社会運動も同じだった。これら各分野のキリスト教社会運動は、すべてWCCを含む欧米の進歩的宣教機構の人的・財政的後援を受けて成長した。WCCとともに発展した進歩的神学の関心と支持を集中的に受け、キリスト教内外の国際的抵抗のネットワークとメディアを通じて、彼らの全世界的な言説拡散が可能となった。

一方、非制度圏神学においてもこれと似た現象が生じた。1970年代中盤以降、神学者たちを含む大学の進歩的知識人たちが政府の圧力によって強制的に解雇されたが、神学者の徐南同《ソナムドン》は解雇された自分自身を「アウトサイダー神学者」と呼んだ。彼らアウトサイダー知識人、神学を含む文学、社会学、経済学、歴史学など非制度圏の進歩的知識人は、在野研究団体であった「韓国神学研究所」に集まり、継続的にフォーラムを開いた。この研究所はドイツの宣教団体の後援によって運営されていた。まさにこのフォーラムから、各分野の民衆論（民衆神学、民衆文学、民衆社会学、民衆経済学、民衆歴史学など）が台

2009 年 8 月 7 日、「龍山惨事」犠牲者追悼ミサ。

頭し世界の耳目を集めることとなった。

▼教会的霊性vs新しい霊性

1980年代に至り、キリスト教社会運動の各分野における内部葛藤が深まった。伝統的キリスト教制度を強調する流れと、新しい信仰制度の可能性を探ろうとする流れが葛藤を生み出したのだ。後者は当時、抵抗言説の新しい流れを形成していたマルクス主義的基調に対して、一歩進んだ関係を結ぼうとする傾向を帯びていた。

「産業宣教」と「首都圏特殊地域宣教」（貧民宣教）の場合、伝統的なキリスト教的アイデンティティを強調する人々が「韓国民衆教会運動連盟」（1988年）という名前で結束した（だからといって韓国民衆教会運動連盟に参与した牧会者すべてが「アイデンティティ論者」だったとは断定できない）。他方はキリスト教外の労働運動団体に移るか、マルクス主義とより親和的なキリスト教社会運動機構で活動した。

青年・学生運動も1983年を起点に、キリスト教の伝統的信仰要素に親和的な「アイデンティティグループ」と、対案的信仰の可能性を追求しようとする「新しいアイデンティティグループ」とに分かれた。後者は1980年代末、キリスト教活動家の隊列から大々的に離脱し、マルクス主義陣営へと移っていった。「アウトサイダー神学」としての民衆神学の場合、第二世代に至り民衆教会を重視する理論家集団と、新しいアイデンティティグループの理論的支持の役割に邁進する集団とに分化した。

しかし１９８０年代以降の分化をこのように理念的にのみ捉えることはできない。情念の次元で、二つの流れは異なる様相を呈していた。一部の民衆教会牧会者たちはこれを「霊性対社会科学（マルクス主義）」と説明したが、これは後者を信仰の外部へと追いやろうとする非難であるという点で適切な分析とは言いがたい。理念対理念の対立同様、情念対情念の対立としてこれを説明する必要があるだろう。これは情念、つまり「霊性」の問題だ。それは理念や利害といった価値判断に基づく考えや行動ではなく、神であれ真理であれ究極的な次元との感情的な一体化を通して生じる情念の問題なのだ。

前者は「霊性」の典拠を教会の伝統に求めた。すなわち自分たちの情念的基盤を説明するために、教会の伝統的霊性を引き合いに出したのだった。こうして「よく制度化された」信仰制度と神学言説の支援を取り付けることで、彼らはアイデンティティの混乱を避けることができた。しかし、成功指向的教会の霊性と民衆教会の対案的霊性の境界があいまいだったために、この情念はややもすると教会中心主義へと転落する可能性を秘めていた。

一方後者は、ラテンアメリカの解放の神学的言明のように「新しい井戸から新しい霊性」を汲み取ろうとした。彼らの情念的情熱は、これまでの教会的霊性とはまったく異なる新たなものだという自負に基づく、創造的で抜本的な刷新の主張だった。しかしそれはいまだ誰も未経験の見慣れぬものだったため、この自負心は絶えずアイデンティティの混乱にさらされねばならなかった。

あにはからんや１９８０年代末以降、キリスト教社会運動と非制度圏の民衆神学運動が活力を失うと、教会的霊性を主張した人々の多くが主流教会の価値に吸収され、新しい霊性を主張した人々の多くはキリスト教を離れた。しかし相変わらず対案的可能性を追求する人々は、それぞれの陣営で今も有意義な少数者として残っている。このことについては後でもう一度触れることにしよう。

▼成功と失敗、それぞれに対する省察

いずれにせよ、70、80年代の制度圏内外の進歩的神学運動とキリスト教社会運動が、当時急成長を謳歌し確固たる社会勢力として浮かび上がっていた大型教会と彼らの権益に吸収されていた多くの教会の流れに便乗することはなかった。それだけでなく彼らは、全世界的な関心と支持を取り付けることに成功し、社会形成そのものにも少なからぬ影響を与えた。韓国社会の改革言説と民主主義言説において、進歩的キリスト教は重要な一つの軸を形成したのだ。このような点で進歩的キリスト教は少数ながら、大型教会の成功主義とは異なる意味で成功の足跡を残したといえるだろう。

こうした成功は、韓国教会からほとんど支持と支援を得ることなく、ただ西欧キリスト教と神学の旺盛な進歩路線に吸収されることで初めて可能となった。これは教会的霊性を強調した人々、新たな霊性を強調した人々すべてに共通した限界だ。実際、１９９０年代以降の西欧の進歩的キリスト教の衰退は、韓国の進歩的キリスト教運動の衰退をもたらし

た。このことは、大型教会の成功主義とは「別の成功」を熟考し発見するために情熱を傾けるのとはまた異なる思考と実践、すなわち「失敗の省察」を必要とする出来事だ。最近になって活気を帯びている対案的模索は、まさに「失敗の省察」に基づくものであり、キリスト教の未来に新たな可能性を示している。これについては、最後に語ることにしようと思う。

第2部　市民K、教会を離れる——韓国プロテスタントの今日

市民の登場と神の追放

市民K、教会を離れる

2005年、統計庁が実施した人口調査によれば、韓国のプロテスタントは1995年から2005年までに1・4パーセント減少した。同じ期間、最大宗派である仏教の信徒数は3・9パーセント増加し、カトリックは実に74・4パーセント増加している。宗教人口の構成比では仏教が23・2パーセントから22・8パーセントへと0・4パーセント減少しているが、これは増減ゼロと見るのが妥当だろう。カトリックは韓国カトリック史上最高の成長率を記録した。この他、円仏教〔1916年創設の仏教系新宗教〕も信徒数が8万余名から13万余名へと増加している。

朝鮮戦争直後を除き、韓国のプロテスタントが初めて経験するマイナス成長であり、それだけに衝撃は大きかった。ひたすら成長のためだけに資源を総動員し、成長中心的信仰システムには何ら変更がなかったにもかかわらず、その効果は悲惨だった。いよいよ成長主義に対する真摯な検討と解釈が必要となったはずだが、プロテスタントの大勢は省察に向かうようには見えなかった。これが1990年代以降現在までの韓国プロテスタントの一般的な姿である。

ここでは、最近の韓国教会の成長遅滞および信徒減少現象とその背景について、時代の巨視的変化と構造的変動の観点から照らし出してみよう。

▼プロテスタント減少、マルチ信者の登場

ふたたび宗教人口統計から見てみよう。1965年から1999年の間に行われた5年単位の調査によればプロテスタントの信徒増加率は20～40パーセントだった。しかし1990年に入って信徒増加率は2～3パーセント台に急落し、ついに2005年には1995年に比べて14万余名少ない860万人に減少した。

人口調査上のマイナス成長比率はわずかなものだが、高速成長の記憶が身体に染みつく韓国教会にとって、マイナスという事実がもたらす衝撃はあまりに大きかった。教会指導者たちは対策を慎重に考えるのではなく、呆然となって失敗を繰り返した。マイナスに対する批判が提起されると過敏な反応によっていっそうぶざまな姿を示したのだった。

プロテスタント信徒の総数が予想に反して少なかったことも、この問題を一層深刻なものとした。1990年代初頭から「一千万信者」と言い続け、2000年代以降には1200万人を上回ると吹聴していたのだが、人口調査の結果はかろうじて860万人に達する程度でしかなかった。もちろん宗教人口の調査は自分がどの宗教に属しているかと

保守系プロテスタント団体の「韓国キリスト教総連盟」総会。

いう自己申告に基づくものでしかないが、それだけに最近批判にさらされているプロテスタント信徒の心情的離脱を反映している可能性はある。最近、信徒として教会に出席してはいても自分がプロテスタントであることを明らかにしない場合が増えているのだ。このことを勘案すれば、プロテスタントの場合、人口調査の結果より実際の信徒数が多い可能性は排除できないだろう。それでも人口調査が持つ象徴的権威により、プロテスタント指導者たちはこの結果を客観的で明らかな事実として受け止めたのであった。

にもかかわらず、各教派別統計を合算すればプロテスタント信徒数は1200万人をはるかに超えている。教団別統計は各教会の教籍簿を合算したものだが、教籍簿の数値と人口調査の数値が異なるのは、先述したように、プロテスタント信徒たちの心情的離脱によるものと、教会を転々とする人々による二重教籍が多いことが主な理由だろう。教会間を水平移動する信徒が多いことは教会の求心力の低下を意味している。その原因は信仰的欲求と教会が提供する満足感の間に存在する乖離だ。これについては、のちほど1990年代という時代感覚の変化との関連で述べることにしよう。

問題は、人口調査において自分がプロテスタントであることを明らかにしたくない人々が少なからずいたという点だ。最近、仏教の寺とプロテスタントの教会、そしてカトリックの聖堂などを巡り歩くいわば「マルチ信者」が増えている。彼らは特定教団の信仰的制度に対する忠誠心が弱い人々だ。それだけではない。彼らの中の多くは自分が真の信仰を持っていると考えている。そのような人々をプロテスタントの熱烈な信徒たちは「似非信者」と揶揄するが、そんなことを気にかけないプライドの高い「マルチ信者層」が社会のいたるところにあらわれている。人口調査の結果は、そのような人々の多くが自分をカトリックと答えた可能性があることを暗示している。

宗教の違いを超えるマルチ信者層の増加は、他宗教に対して開放的な仏教やカトリックに比べ、閉鎖的な宗教観を主張してきたプロテスタントにとって危険な兆候となる。「マルチ信者」の多くが自分をカトリック信者と表現している点は、プロテスタントとカトリックに対する社会的イメージと関連しているに違いないが、この点についてもあとでもう一度検討してみることにしよう。

▼信徒は減り教会は「孤島」になる

信徒数の減少を最も深刻に感じたのは神学校だった。高速成長を謳歌していたころの感覚に基づき各教団別に設定した目標値に合わせて神学生数を伸ばしてきた神学校だが、卒業生たちの任地が減少してしまったのだ。これにより、経営学の教会版である「教会成長学」の需要が急増する一方、人文科学的で批判的な現代神学に対する深刻な無関心が生じた。大型教会に掌握された教団や教団神学校当局も教会成長学をさらに重視し、人文科学としての神学に対しては様々な圧迫を強めた。任地不足に直面した神学生自身もまた、教会成長学に没頭するようになった。こうして神学生たちの社会を見る目は過去に比べて著しく狭くなり、社会的問題に対する参与と責任に対しては一層無感覚になった。

信徒数の減少を激烈に体感したもう一つの場は教会、特に中小教会だった。実際の減少率はそれほど大きくはなかったが、教会制度に対する信徒の忠誠の度合いの低下はより一層深刻だった。それは低調な礼拝出席率を招き、献金額の減少をもたらした。悪化した財政は支出の切り詰めという選択を強いることになった。

真っ先に手を付けられた領域は社会的扶助、各種の社会団体に対する後援などであった。教会は徐々に信徒出席率を高め新たな信者を招く成長プログラムにのみ没頭するようになる。社会の中の教会は今や「孤島」になりつつあった。

かつて教会建築は信徒数急増の最も効果的手段の一つだったが、全般的な信徒減少に直面する中では教会建築の効果はほとんどあらわれず、かえって信徒の離脱を招く場合が多く、結果的に債務返済能力の低下という深刻な問題を招いていた。最近になって教会廃業率が急増した原因はこれであり、信徒ごと教会を売り払うような現象も少なからず生じている。

最後に、信徒数減少に敏感に反応したのは各教派の総会や、韓国キリスト教総連合会（韓基総）と韓国キリスト教教会協議会（NCCK）のような教会連合体だった。1990年代以降、これらの団体は大型教会の影響力を強く受けたか、あるいはその圧倒的な影響下にあった。

かつて韓国プロテスタントの教会政治において大型教会の影響力は限定的だった。大型教会は自教会の成長にのみ没頭していたからだ。一方、NCC加盟教団は、世界教会協議会（WCC）が作った巨大な進歩言説の市場として、個教会の現場よりは少しだけ進歩的で社会参与的宗教エリートを生み出し、彼らが総会本部から国内外の業務まで主導するようになった。こうして進歩的神学者たちの活動が国内外にわたって活発になった。

けれども1990年代以降、世界教会協議会自体が次第に保守化し始めた。これは第三世界の諸教会がWCCに対してより多くの経済負担をするようになることで生じた現象だ。第三世界の教会指導者たちの大部分は、韓国でもそうであったようにそれぞれの国においてもっとも保守的な神学と教会理念を代弁していた。WCCを媒介とする進歩神学と進歩的社会運動の活性化は過去の話となった。

一方1991年、メソジスト神学校が世界的な神学者である辺鮮煥《ピョンソナン》博士を学長職から解任、教授としても免職したのみならず牧師職も剥奪し教籍も削除するという前代未聞の事態が起こった。これは大型教会が教団と教団神学校の権力を掌握し思うがままにしようという意図が現れた象徴的な事件だった。この事件を起点に多くの教団における教団政治は大型教会の手中に収められていったといっても過言ではない。

また1989年、NCCに対抗して「韓基総」が結成されたが、この団体は初めから大型教会が主導し、寄付金の多さに比例して発言権があるという組織運営方式をとった。NCCも、外国からの支援が断たれると大型教会の寄付金なしでは運営が事実上麻痺する状況に直面した。

大型教会の牧師たちは神学校のカリキュラムに介入し、教会成長学関連科目の開設を迫り、進歩的神学の立場をとる研究者たちの活動を検閲するようになった。また、教団政策において一層排他的、保守的、権威主義的、成長主義的な方式を強化し、進歩的な神学文書を事実上死文化してしまった。そして教会間連合体の活動においても、反共、親米、独裁主義、新自由主義などの諸イデオロギーへと社会をけん引し、それによって自らの影響力を拡大することで、委縮した教勢を数字だけでなく権力の次元においても挽回しようとしたのだった。

教会は、軍事独裁政権時代に密室で育んだ政教蜜月関係の代わりに、キリスト教政党を作り、保守大連合の一員として政治制度内での活動を開始し、政権交代のような政治プロセスに積極的に介入するようになった。こうして信徒減少に直面したプロテスタント教団と神学校、そして教会間連合団体は、公共性と社会意識において退行しはじめたのである。

▼「市民」の時代、「追放された神」

プロテスタントの危機の社会的背景について見てみよう。教会を捨てた人々は誰だったのだろう。どのような問題意識が彼らの記憶の中から教会を消し去ったのか。こうした問題意識が生じる社会的変動とは何だろうか。ここで注視すべきは、教会の成長が急激に鈍り始めた時期が、民主化と消費社会化という巨大な社会変動の時期と重なっていたということだ。

韓国社会における「民主化」は、その追求主体としての「市民の登場」でもあった。

「市民」は軍事独裁政権時代の「国民」に対比される存在だ。国家の成功がすなわち自らの成功であるという自意識に基づいて国家に与えられた歴史的使命を内面化した受動的主体が「国民」(people)であるならば、国家と交渉しながら自らに有利な民主的制度を追い求める主役がまさに「市民」(citizen)だ。

けれども市民が古い制度の壁を突き破って民主化を志向するのは容易ではない。つまり民主化の時代は独裁主義的残滓の「清算」に向けた情熱に満ち満ちた時代でもあった。そして独裁主義的時代感覚をまさに体現していた教会は、この清算の主たる目標となったのである。

先述のように、韓国教会はアメリカ的信仰を自らのものとしようと試みてきた。そして神の国のイメージをアメリカ的近代のイメージと重ね合わせてきた。こうした信仰が韓国人の近代体験を代表していた時代があったのである。ところが民主化の時代、反民主主義的価値に対する清算の対象となった韓国教会は、新たな近代空間の象徴としてではなく、色あせた近代の場となった。こうして教会は人々にとって旧態依然たる時代錯誤的な人々で溢れる空間とみなされ始めたのだ。教会はもはやアメリカの守護神にへつらう人々の私的集いに過ぎなかった。市民層がアメリカを心の中から消し去ったように、アメリカの神もまた消し去られたのだ。こうして教会に対する好感と憧れは撤回されるようになった。

消費社会への急激な移行期に浮上したのは「個人」だ。資本は隠されていた個人の私的関心を開発しようとささやき、新たな趣味生活のために時間をうまく利用せよとけしかけるようになった。私的欲望だけが噴出し、そのような欲望をひとしきり満たす空間としての大衆文化が出現した。

けれども教会にとって、大衆文化は一つの恐怖だった。一部のプロテスタントは大衆文化の中にうごめく悪魔のコードを暴き出そうと解釈を試みた。彼らにとっていわゆる「ニューエイジ」は、大衆文化の中に生息しその現象を操る一種の似非宗教とみなされ、ここに排他的宗教理解が作用した。こうして教会は消費社会へのすばやい変化の中に身を置きながらも、変化を理解できずにいた。教会に流れる時間はあまりに悠長であり、教会の「聖徒」たちは独裁主義時代の国民を気取っていた。

こうして市民たちは教会を離れ始め、教会に向けていた期待を撤回し始めた。彼らにとって教会の「聖徒」は古ぼけた近代の残像に過ぎなかった。１９９０年代初頭から、人々の記憶の中から神が追放され始めたのだ。

信徒の増加が止まった時代、いや減少の時代、先述のようにそれは根深い構造的社会変動の産物だ。身体に染みついた古い方式で危機が解消されることはない。むしろ「身体に染みついた」慣行そのものが問題なのだ。

教会は新しい衣に着替えなければならない。はたして「新しい着物」はどんなものでなければならないのだろうか。ふたたび時代に便乗し、大勢に従うことだろうか。あるいはそのような大勢を批評し、「異なる信仰の座」を創り出すことだろうか。いずれを選択するにせよ、教会は現代社会の変化を読み解き、参与と責任の可能性を問う神学的模索を先立たせる必要がある。けれども、大部分の神学者と牧会者、そして神学生といわゆる「聖徒」たちは、時代を読み解く眼力はもちろんのこと、参与と責任に対する問題意識も著しく退化させてしまった。大部分の神学と教会は「その先を想像する能力」をすでに失ってしまっていたのである。

信頼を失った「言葉の宗教」

韓国教会の説教の実態

すでに見てきたように、韓国の教会は１９６０年代から１９９０年まで超高速成長路線を駆け抜けた。この過程で成長至上主義的教会運営方式が制度化された。成長至上主義は教会運営だけでなく思考方式としても具体化された。

けれども、１９９０年代以降教会は急激に成長の停滞、あるいは減少局面に突入する。これは教会の運営や信徒たちの心の中に制度化した成長至上主義が弊習として作用し、社会的にもそうした批判を受けるようになったことを意味している。ここでは弊習と化した教会主義のいくつかの断面、特に説教の実態について調べてみよう。すっかり弊習となった説教慣行が成長至上主義の産物であることが明らかになるだろう。

▼「偽」小さな教会と成功主義牧会

朴在烈《パクジェヨル》牧師は「小さな教会を生かす運動」を10年続けている（「朝鮮日報」２０１１年

7月29日)。この間およそ900の教会がその支援を受けたが、支援対象として選ばれた牧師夫妻は「牧会士官訓練の誓い」をたて、毎月その集まりに参加しなければならない。誓いの内容は「牧会士官」という軍隊的用語に見られるように凄まじいものだ。「成人出席100名になるまで牧師夫妻は休日、祝日、正月などを含め休まず伝道する」。「週五日間、毎日4時間以上伝道する」など9項目だ。つまりは教会成長のために全力を注げということだ。

2010年10月20日、汝矣島《ヨイド》純福音教会の直轄教会の牧会者を前に趙鏞基《チョヨンギ》牧師はこう語った(汝矣島純福音教会は汝矣島の「中央聖殿」に対し直轄教会を「枝聖殿」と呼ぶが、2009年からは「弟子教会」という名称を用いることで従属的イメージを緩めようとした)。「小さな教会が美しいという言葉を信じるな、牧会に失敗した人間の言い訳だ。主の目には大きな教会が美しいのだ」。

一人は「小さな教会が生きてこそ韓国のキリスト教は生かされる」と言い、もう一人は「大きな教会が美しい」と正反対の主張をしているが、実はこれら両方が韓国キリスト教の指向性を端的に示す事例に過ぎない。すなわち成功至上主義だ。小さな教会が美しいのはそれが大型教会に発展できるという前提においてであり、それができない働き手は失敗者に他ならないのだ。

「牧会士官」のような牧師たちの情熱的な伝道によって韓国のキリスト教は全世界に類例のない驚くべき量的膨張をもたらした。1958年、西大門区(現在のウンピョン区)

テジョ洞の貧しい街で５人の信徒から始まり、50余年で登録信徒78万人の世界最大教会を生み出した趙鏞基の情熱や、１９８２年６人の信徒とともに創立し30年で２０００人の中大型教会へと成長させた朴在烈の情熱は尊敬に値する。まさにこのような人々の情熱が積み重なり一本の柱となって韓国キリスト教の成功神話が可能となったのだ。彼らは後輩の教役者たちに対して、自分たちと同じような成功至上主義的牧会に全力を尽くせと命じている。

では、こうした神話の主役となった人々、あるいはこのような神話に憧れる教会教役者たちの牧会現場を見てみよう。彼らはまず、毎日１軒１軒未信徒宅を訪問し、あるいは路傍で伝道する。情熱的な彼らは朴在烈牧師が求めた誓約のように一日何時間もこうして過ごす。もちろんこのような訪問に応じてくれる家庭は10軒に１軒もない。言葉を交わすことができるのは何十人に１人いるかどうかだ。足を棒にし喉をからして伝道しても、１人の新来者も教会を訪ねてこない日が続く。こうして数日、数週間、いや幾年にも渡る苦労の末に数十人の信徒が集まる。だがこれが終わりではない。彼らはいつ他の教会に行ってしまうかわからないし、キリスト教を捨ててしまうかもしれないからだ。

彼らを教会に忠実な信徒に作り上げるためには信徒養成プログラムを行う必要がある。韓国キリスト教において一般的な方法は、信徒たちを少しでも長い時間教会で過ごさせることだ。集会の数を増やすことが最も簡単な方法だ。早朝礼拝が週５～６回行われる。さらに水曜礼拝、金曜礼拝もある。日曜には最低２回の礼拝がある。そのたびごとに牧師は説教をしなければならないから、週に9~10回の説教が待っている。それだけではない。牧師は暇さえあれば信徒の家を訪問する。これを公式化した呼び名が「尋訪《シムバン》」〔牧会訪問〕だ。もちろんそのたびごとに略式の礼拝が行われるし、牧師は必ず説教者となる。これに加えて、青年会、女性会、男子会などの年齢別、男女別の集まりが開かれ、時には職業別の集まりが組織されることもある。これらの集まりでも牧師はしばしば説教をする。これに信徒家庭の慶事や弔事があるが、牧師は可能な限りこれらの行事に出席しようとする。教会が葬儀を行う場合には、最低5回の礼拝が行われることになる。

▼説教を準備する暇がない

例外なくグループごとの礼拝が行われるが、その中心は説教だ。たいていの場合、主任牧会者がそれを受け持つ。けれどもこれらの集まりのたびごとに説教を準備しようと思えば絶対的に時間が足りない。説教より重要なことは集まり自体を成立させることだ。企画から締めくくりまですべてを牧師が取り仕切る。これらに加えて、信徒の間に葛藤が生じるとか失意に沈む人がいるようなら、牧師は仲介者となり慰め手とならなければならない。

ではいったい説教はどのように準備されるのだろう。たいていの説教学の教科書は「講解説教」を要求している。一言でいえば牧会現場よりも聖書テキストに最大限忠実であれということだ。教科書的には、該当する聖書テキストをできれば原語で読み、その能力が無い場合には最低限英語を含むいくつかの翻訳を読んで対照することから始めなければな

イエス教長老会合同派の設立百周年記念行事。

らない。次にテキストの分析作業だ。用いられている単語の語彙、説教テキストの文脈、そしてテキストの背後にある社会文化的脈絡などを複合的に検討する。そのためには辞書や注解書など、その他にも多様な文献を参照しなければならない。こうした分析を総合してテキストを解釈する。そしてその解釈が説教者自身と教会の信徒にどんな意義があるのかを巡る第二の解釈作業が行われ、ようやく準備が終わる。

しかしこのような教科書的な説教準備は大部分の韓国教会の牧会現場においてはまったくあり得ない話だ。牧師がなすべき説教の数だけでもとてつもない数であり、一つ一つをきちんと準備する余裕はない。他の説教はただ直感的瞬発力に依存してこなし、一番大切な主日礼拝の説教準備にかけるというのであればまだいい方だ。とはいえ、こんな状況から会衆に鋭い提案を出すことは不可能だ。週に一篇の説教を忠実に準備することもままならないのが現場の状況だからだ。しかし先述のように教会の教役者は教会成長にまい進し大きな教会にしなければならないという脅迫感にさいなまれているから、布教活動と信徒管理にことさら執着する。そんな中、仮に時間ができたとしても説教準備をする心の余力が生まれることはない。研究が日常であり執筆を職業とする人々であっても週に一篇の論文を年中無休、退職するまでひたすら書き続けることはまさに殺人的な課題といえる。ましてや牧師は研究に習熟しているわけではないし執筆の専門家でもない。そのような人々が内容にも形式にもこれといった欠点のない説教をするということはまず不可能に近いだろう。

さらに講解説教のような反現場的なテキスト主義が教科書的模範だというのだから、牧会現場の専門家である牧師としては乗り気ではない。問題は彼らが神学者、特に西欧の大家が示した説教学的主張に異議を唱えるほどの自覚を持ち合わせていないということだ。現場の特徴よりも教会の長い伝統に重きを置くヨーロッパの教会、特にドイツのように観念論的信仰伝統が強い社会において、国家公務員である牧師が講解説教に重きを置くことは理解できるし、それを強調する神学者たちもいることだろう。しかし、西欧の牧会現場とは全く異なる韓国社会において、さらに牧会現場の専門家ではあってもテキスト解釈においては初歩の水準にも達していない韓国の牧師たちに教科書が示すような講解説教などできようはずもない。さらに、参照すべき辞書や注解書、解釈書などは西欧の脈絡がそれとなく反映されており、批判的な視点で読まない限り、現場と注解書との乖離があまりに大きいのは明らかだ。けれども韓国の牧師たちは、西欧の牧師とは比べ物にならないほど多くの説教をしながら、西欧の学者たちが提示した説教モデルに対して全く反論もしない。もちろん不満が無いわけではない、だから説教準備に気乗りがしないのは当然だ。

問題は、プロテスタントの牧師にとって説教は決しておろそかにしてはならないものだという大原則にある。カトリックの典礼制度の多くは古代から中世に至る間に構築された。教会大衆の絶対多数が読み書きのできない時代だ。そうした時代にふさわしい礼拝の形態が「祭儀」だった。カトリックの典礼において重要なことは司祭の所作や服装、儀式に用いられる用具や香の香り、音などだ。一方で、司祭の説教など直接的な言語的要素は副次的なものとして添えられているだけだった。

ところでプロテスタントの宗教システムが発展した時期は、文字化された言語がいち早く庶民の暮らしの中に広がった時期だ。文字は貴族たちの世界を超え、新たに浮上した市民階層が社会を形成する上で重要な手段として活用された。その頃ちょうど紙が大量生産され活版印刷技術が発展した。本は手軽な大きさになり価格も下がった。特にパンフレットのような短く手軽な文書の流通が盛んになり、各国語に翻訳された聖書は礼拝制度の形成にも強い影響を与えた。まさに文字革命の時代というべき時に、文字文化の社会革命的要素が教会制度に大きく反映された。こうした過程で祭儀的要素は弱まり、「説教」というより直接的で言語的な要素が礼拝の中心的位置を占めるようになった。つまりプロテスタントは祭儀の宗教ではなく、言葉の宗教なのである。

韓国ではさらにそうだ。韓国ではキリスト教の典礼的伝統が長くないこともあるが、絶えず激変の嵐に翻弄されてきたことで伝統的なものに対する敬意の念よりも効率性が重視され、利便性が大事にされてきた社会的背景も影響している。したがってプロテスタントの信徒たちは説教を聞くために教会に行き、説教を聞くために礼拝に出席すると信じている。説教は彼らの信仰を満たすエネルギーであり、信徒たちがその教会の一員であることを誇る根拠でもある。

しかし僕が見る限り、こうした考えは虚構に過ぎない。実際に信徒の大多数は牧師の説教を傾聴しているわけではない。僕の経験では、説教の質もこうした現状を改善するだけの水準にはない。人々が最も耳を傾けて聞く説教は招待された説教者による耳慣れない説教だ。そして最も真剣に耳を傾けているのは教会に新しく来た人々、物珍しさが抜けていない人々だ。

にもかかわらず、礼拝に出席した人々は説教を聞いたという満足感を表明する。言葉の宗教であり、説教こそが教会の様々な言葉の花形であり、またそう考えさせる宗教的システムが信徒たちの思いを形成してきたのだ。だからほとんどの信徒はそう考え、ほとんどの教役者がそう確信している。そしてほとんどの神学者たちも例外ではない。プロテスタントの宗教システムを内面化させた人々は、こうした考えから全く抜け出すことはできないのだ。

それゆえ、牧師であればだれでも説教を準備しなければならないという脅迫感にさいなまれる。熱心に準備しいい説教をしなければならないという思いから抜け出すことはできない。同時に、説教の微々たる効果に取って代わるあらゆる活動、伝道によって信徒の忠誠度を高めるための無数のプログラムを企画運営しなければならない。先に触れたが、ほとんどの教会では説教にとってかわり信徒たちが教会周辺から遠くに離れられないよう捕まえておくための諸活動がある。礼拝などの集まりを最大限多く行うこともそのためだ。脅迫感にさいなまれつつも説教準備の暇はない。わずかな時間をひねり出したところで集中できるはずもない。これではまともな説教はできようもない。

▼説教は種々の方便だ

　こうした事情を背景に、韓国キリスト教出版市場において常に脚光を浴びているのが「説教集」コーナーだ。また、ネット上には説教資料を提供するサイトが溢れている。多くの牧師は説教を準備する時、最小の努力で最大の効果をもたらすために他者の説教を参照する。直接テキストを研究するよりも、他人の研究結果を資料として使うほうがはるかに便利だからだ。もちろんそこには剽窃が横行することになる。わずかな努力をおしまず、いくつかの説教を継ぎ足して準備をする人も多い。こういう事情から、教団の教育担当部署が中心となり「年間説教ガイドブック」のようなものを作る例も少なくない。名前は「ガイドブック」だが、実際には説教原稿を代わりに提供する本だ。

　ところでここにも貧富の差が大きな格差をもたらしている。小さな教会の牧師たちはこのような感じでも、より大きな教会の牧師は説教のための補助者を雇っている。初めのころは、補助教役者（副牧師や伝道師など）が資料を調べたり例話を作ったり、さらには代わりに原稿を書く場合すら少なくなかった。けれども主任牧師だけが忙しいわけではない。物理的な時間が足りないのは、むしろ補助の教役者の方だ。こうして登場したのが「アルバイト」の雇用だ。博士課程、修士課程の大学院生がそれに応じることが多い。

　つまりはこういうことだろうか。どうせ大部分の信徒が説教に耳を傾けているわけでないとなれば、このくらいの剽窃が何だ、継ぎはぎが何だ、下請けに出そうが代筆を頼もうがそれが何だというのだ。熱心に聴いている信徒は、それが牧師の言葉と信じて最善の解釈をもってそれに応えることだろう。右の耳から左の耳へと聞き流す人々はそれがどのように準備された説教であれ聞き流すし、説教を批判する人々はそれが何であれ批判することは明らかなのだから。

▼信徒たちの反乱——説教批評の時代

ところがそうではない。数年前から信徒たちの動きが尋常ではなくなっている。ある雑誌が説教批評という企画を立て、ある反骨の神学者を執筆にあたらせたところ、読者からたいへんな反響が起きた。また、小さな教会の場合、礼拝の中で説教を討論の時間とする場合が多い。人々は語りたいのだ。これ以上聞いているだけの受動的受容者として礼拝に参加しようとは思わない。説教者の誠意と情熱が問われている。そしてそれにふさわしい準備を土台としない説教に対して信徒は問題を提起したくなるし、積極的にあるいは公会の場で発言をしたくなる。キリスト教が定着した世界で、これ以上紙とマイクに代弁される文字媒体の一方通行だけで何かが形成されるようなことは起こらない。内部におけるこうした問題提起がコミュニケーションの場へと導き出されない場合、問題は外部へと表出され、デジタルメディアに乗って高速かつ無限に拡散する言説の場へと暴力的に展開されることになる。

今や教会は難局に立たされている。しばらくのあいだ成長至上主義を通じて多くの成果を得てきた教会が、そのせいで危機に立たされている。言葉の宗教であるプロテスタントの言葉があまりにお粗末であることは広く知れ渡ってしまった。ところが改善は容易ではない。神学校や教団の次元で様々な試みがなされてはいるものの、いかなる実効性ももたらしてはいない。問題の根源が成長至上主義と直結しているのだが、それを見直さない限りどうしようもないのだ。成長至上主義のために物心両面を総動員しなければならない社会において、言葉の知性と霊性の質を高めることは不可能だ。言葉に責任を持ち、言葉を大事にする文化を制度化しない限り、言葉の宗教であるプロテスタントで行われる説教は時間の浪費、さもなくば道具化したいいかげんな言葉、虚言に過ぎなくなることだろう。

教会売買スキャンダル

教会成長至上主義の裏面

韓国教会の成長至上主義的な制度が生み出した内的危機について、事例を基に検討してみよう。弊習となってしまった成長主義の牧会、特に説教については前章で検討したが、ここでは成長至上主義が当たり前だった状況から教会の成長が止まる、あるいは後退することで生じた教会の廃業と売買を巡る問題を論じよう。失敗を受け入れられない成長至上主義がいかなる弊害を生み出したか、その実態が明らかになるだろう。

▼中年男性牧会者、教会を廃業する

文化体育観光部〔日本の文部科学省に該当〕が2009年1月に発表した「2008年韓国の宗教現況」によれば、韓国におけるプロテスタント教会の数は、5万8612だ。2002年の同調査結果、6万7785に比べれば2173（4パーセント）教会の減少だ。一方、各教団の教会数統計を総合すれば年間1000近い教会が新たに生まれている。

つまり２００２年から２００８年まで６０００の教会が新たに生まれ、門を閉じた教会数が８０００という計算になる。年平均では毎年１３００の教会が門を閉じていることになり、それは毎日３〜４教会が廃業していることを意味している。

最近に入り、教会間の貧富格差、すなわち富めるものはさらに豊かに、貧しいものはさらに貧しくなる現象が次第に悪化している。廃業する教会の絶対多数が未自立の小教会であることを考えれば、教会廃業現象が２００８年以降緩やかになっているとは思えない。毎年１３００の教会が廃業してきた２００８年までの趨勢は、最近になってさらに深刻化している可能性すらある。

では、教会が新たに生まれる一方で廃業する教会もあるという現象をもう少し詳しく見てみよう。それぞれの教団が高度成長を謳歌していた１９８０年代に神学生数は急増した。需要がそれだけ多かったのだから供給が増えるのは当然だ。けれどもその内幕を覗いてみれば、順序が逆であることがわかってくる。教派間の分裂が深刻化し、それゆえ敵対感と競争心が激烈になり、各教団は手段を選ばぬ競争にまい進する。そしてその手段の一つが教役者候補生、すなわち神学生を最大限増やすことだった。問題は、増える一方の神学生を教育するための教育に質的下支えがなかったということだ。結局、低い水準の教育を受けた神学生が大挙して市場に溢れ出ることになり、彼らが自らの生存をかけて血眼の競争を繰り広げた結果、強勢が大幅に伸びたのだった。

この過程で消えていった教会や教役者は、ただ「失敗者」であるだけだ。しかしどの教派もこうした「失敗者」のための政策を創り出せなかった。未自立教会が廃業に至るのを食い止めるための支援制度を限定つきで運用している教団が一つあるのみだ（韓国基督教長老会は未自立教会教役者に最低生活費の支援を行っている。最近は大韓イエス教長老会統合派もこの制度を運用し始めた）。にもかかわらず、牧会したいという意思はあっても働く教会がない牧師たち（無任所牧師）の数が、実際に牧会をしている教役者数を上回っているのが実情だ。どの教団にも彼らの生計のための対策はない。一部の教団が行っている引退牧師のための生計保障制度は、年金形式で運営され、牧会活動期間に支払った金額を年金として還元しているわけだから「失敗牧師」はその対象ではない。そのような中、1990年代以降プロテスタントは成長が急激に鈍化し、1995年から2005年までの変化を示す「2005年人口調査」ではついにマイナス成長となった。すなわち教役者候補生の供給は変わらないが、彼らが働く場所は大きく減少したのだ。

ソウルとその近郊では、教会を新たに作るためには最低1億ウォンの費用が必要だ。大学院を出たばかりの20代後半から30代前半の世代がこの費用を負担することはできない。10年以上会社で勤め上げてから神学校に来た中年の牧会初心者や、他の教派でキャリアを積んだ中堅教役者であればこそ可能となる話だ。年齢は40～50歳代が多い。非婚者が教会を受け持つことはほぼないから、彼らは例外なく養うべき家族を抱えている。そんな人々が新しく教会を始めるのだ。

ホーリネスの国内宣教委員会責任者を歴任してきたキム・チュンベク牧師は、教会開拓後3～4年でもまだ自立できない場合、教会を廃業する可能性が大きいという。ほぼすべての教派に未自立教会支援制度がないことを考えれば、こうした事情は教派を問わず同じといえるだろう。

彼らは財政的自立に至るまですべてを賭ける。教会成長だけが彼らの働きの唯一無二の目標だといっても過言ではない。キム・チュンベク牧師によれば、ホーリネスの場合、開拓教会の半分が自立に失敗して消えていくという。他の教派も違いはないだろう。

これが実態だ。中年の男性教役者（一部の教派だけが女性の教役者を許容しているが、専任牧師の隊列から女性はほぼ排除されている）の中で毎年１３００名を超える数が「敗者」となる。安定した財源確保のための信徒獲得競争から落伍した中年男性が、ついに教会を廃業せざるを得なくなる。これまで成功のためだけに自分の持てるものすべてを投入しすべてを賭けてきたにもかかわらず、教団の一般的な失敗処理プロセスにおいてその代価はいかなる補償も受けることがない。さらに失敗の経歴ゆえに再就職は困難になる。教会政治における有力者の目にとまっているのでもない限り、他に打つ手はない。残された道は廃業だけだ。

ここで売買の問題が残る。教会を誰かに売らなければならず、そうすることでもう一度牧会者として出発するための資金を作り出すか、他の仕事を新たに始めるための費用を取り戻さなければならない。このプロセスでいわゆる「牧師職売買」が生じる。正確にいえば、これまで投じた有形無形の牧会的労力をも勘案して売値とする、ということだ。一般

ソウルの高級住宅地にある「インマヌエル教会」。

的な店舗売買に見られるような、いわゆる「権利金」と類似したものだ。ここで重要な基準となるのは信徒数と地域だ。つまり、江南《カンナム》〔高級住宅が多い〕で信徒20人の教会は江北《カンブク》〔旧市街が多い〕の信徒20人の教会より権利金がはるかに高い。

このような売買は教役者の著しい道徳性欠如によって生じる。つまり、もはや「通常の」教会秩序にとどまり得ないような教役者が道徳的に破たんした状態で売り手になるか、あるいは買い手として登場することになる。あまりに否定的な現象だといわざるを得ない。

▼問題は成長至上主義だ

最近マスコミがこのような教会売買に関する深刻な事例を報道している。これによって市民社会は少なからぬ衝撃を受けた。プロテスタント教会はこれに対し、マスコミは一部の極端な事例によって全体をけなしていると反論した。

マスコミと教会はそれぞれ、教会売買に関する衝撃的な事例の道徳的破たんにだけ注目している。両者は正反対の観点のようだが、問題を売買行為に及ぶ教役者個人の道徳性の問題に還元しているという点で意見の一致を見ている。もちろん、このような売買行為は教役者自身の精神的・道徳的破たんによって生じている。だから教会売買を正当化することはできない。けれどもこうした認識だけでは、教会売買のような現象を改善することはもちろん、その本質をとらえることも難しいといわざるを得ないだろう。この問題を個人の誤った選択の結果だけに還元することはできない。むしろ、その背後にある根源的問題がより重要なのだ。

核心は、韓国プロテスタントの成長至上主義にある。韓国のプロテスタントがこれほどまでに急速に成長できた要因として、教役者たちの情熱的布教活動を挙げないわけにはいかないだろう。韓国のいかなる宗派も、プロテスタントの教役者のように成長一途に熱烈に突き進んだことはなかった。成長至上主義的な教役者の情熱は韓国プロテスタントの特徴だ。それは今まで見てきたように、プロテスタント各派が熾烈な量的競争のために神学生たちを最大限に増加させ、いかなる安全装置もないままに彼らをサバイバル競争に送り出すことで手に入れた成功だった。市場原理にゆだねられた教役者たちはひたすら成長のためだけに牧会に専念したが、彼らにとって牧会はすなわち成長のための行為にほかならなかった。

神学生は急増した。決して良質とはいえない神学教育を受けて輩出された教役者候補生たちは、特に1990年代以降、劣悪な布教状況において牧会の隊列に加わることになった。特に未自立教会を運営する中年教役者たちは、高度に発展した消費社会において非消費階層へと転落する自分の家族に向き合わなければならなかった。このような精神的負担の中で、彼らは焦りをおぼえつつ教会の仕事をこなした。教会成長以外のいかなる可能性も学ばずにきた彼らは、ひたすら成長のためだけにプログラムされた仕事に専念した。

教団の神学校、教団付属の研究所や総会本部は布教の危機に際して、成長主義以外の対案を生み出せずにいた。むしろ教派ごとに無理な数字を打ち出しては成長主義をさらに加速させることを奨励した。こうした状況の中、新たな教会設立の冒険に乗り出す人よりもむしろ廃業する人々が増えているのだ。教団次元での保護装置がまったくない中、廃業の責任を一人で担わなければならない「失敗教役者」たちが教会廃業市場に足を踏み入れるのだが、そこには否定的な慣行が満ち溢れている。道徳的破たん状態でこうした市場に足を踏み入れた彼らが、ゆがんだ売買慣行に陥るとしても驚くには及ばないだろう。

失敗はどこにでもある。ところが、成長だけを唯一の価値とする社会にあって、「失敗教役者」はただ教会の役務に失敗したのではない。彼らは「信仰の敗者」でもあり、存在価値の敗者でもある。韓国の成長至上主義的教会の世界ではそうした思いに陥る人々が実に多い。だから、教会成長至上主義を止揚することが問題を改善する最善の方法でありもっとも根本的な対策でもあるのだ。

教会の危機は今日韓国だけが直面する現象ではない。プロテスタントもカトリックも、全世界的に教会は退潮している。財政問題を克服できずに廃業する教会、あるいは教会の建物を貸出してようやく生き延びる教会が無数にあり、その数は日々多くなっている。これはキリスト教が追及してきた情緒的存在様式が今日の認識体系や制度の方式、あるいは感受性の枠組みとうまく調和できていないからだ。世界的に見れば韓国における危機の始まりは遅い方だが、危機の様相は近頃急激に広がっている。

僕はこの危機の様態を「教会という形式の危機」と解釈している。教会という形式自体が、今日のキリスト教の危機の震源地なのだ。今や教会という伝統的な形式から抜け出す必要がある。教会という情緒的存在様式の特徴は、「膨張主義的排他的共同体」という点にある。すなわち、外部と内部を切り分ける自己中心的体系がキリスト教的に定着したものが教会だ。キリスト教会はこの秩序を守り抜くために聖典化、教権化、教理化の装置を発展させてきた。まさにこのような慣行が教会の排他主義をさらに強化しているのであり、それは外部に向かう征服的な浸透の様相として現れているのだ。

▼成長主義から社会的ケアへ

教会売買に対する対案の次元で議論を具体化してみよう。まず周知されるべきことがある。現在の韓国社会においてキリスト教は布教の危機に瀕しており、これ以上新しい教会をつくる空間はないという認識が教役者の間に湧き起っているが、これは現在の教会主義を改革しないという前提の上にのみ成り立つ悲観論であるということだ。

牧会は神的委任を受けたケアの行為だ。牧会者はそのような信念によってケアのサービスを行う者だ。ところが現在の教会主義は、改宗者獲得に限定された排他的ケアを制度化した。そのために、教会の牧会者はおおよそ社会に蔓延する苦痛に無関心だ。彼らの関心は、人々を教会に呼び集め彼らを教会に従属させることだけに向けられている。彼らにとってはひたすら限定的ケアだけが牧会の内容であり目的なのだ。

しかし、今日の牧会に関する新しい神学的議論において、牧会は社会の苦痛に向き合う行為として理解されている。すなわち、排他主義を克服することが現代神学の基調なのだ。

そこでは、改宗は前提とされていない。「教会の排他的壁を超えた社会的ケア」こそが牧会なのだ。

こうした主張に対してしばしば投げかけられてきた反論は、教役者の生計に関する問題だ。信徒数を伸ばし彼らの寄付金によって生計を立てる。それがこれまで教役者の生計を立てるための常套手段だったから、教役者は教会の膨張のためだけに努力するほかなくなってしまう。

しかし、低所得にともなう生計の危機は、もちろん未自立教会教役者だけの問題ではない。それは低所得階層すべての問題でもある。そのために社会福祉制度が必要であり、一定所得以下の国民すべてがその福祉の対象となるのだ。だとすれば、社会福祉の精神の実質化のために働くことは、社会的ケアの委任を自認する牧会者の受け持ちでもある。また、自らも低所得階層に属するならば、牧会者自身が受恵の対象となるのは当然でもある。けれども、教会や教会役務者が納税の義務を果たしておらず、教会や教会役務者の所得自体が非公開の状態にある現状において、彼らは福祉の受恵者から排除されるほかない。

教役者の生計が問題だとするならば、当然社会福祉の拡大を通してこの問題を解決する方向へと向かうべきだろう。また現代神学の牧会論に関する論旨からも、福祉の拡大それ自体が教役者が行うべき社会的ケアの主たる内容ともいえるだろう。そのような社会を志向する教会と教会役務者は、離れ小島に孤立して独り教会成長の責任を引き受ける存在ではなく、社会正義のために働く多くの人々の同僚であり、隣人でもある。またそのような教会は改宗者だけの場ではなく地域市民社会の財産でもある。そこは、こどもたちの学びの場でもあり、近隣住民たちの出会いの場でもある。またさまざまな宗派の教役者と信者とが出会う場でもある。仮にそのように地域共同体の中核となった教会が財政的な危機に直面し、教会堂を売らなければならない状況になるならば、おそらく地域の人々は地元の公共財を守るための努力という意味で何らかの責任を担うことになることだろう。現代神学はまさにこのような教会を奨励しているのだ。

問題は、教団や教団立の神学校が牧師候補生たちにこのような対案的牧会神学を教えはしないという点にある。それはいうまでもなく、教団や神学校が大型教会を中心とした覇権的な排他主義を追求する教会主義に陥っているからだ。けれども、このような教会主義を止揚しない限り、そして教役者になろうとする人々の夢と幻とに教会主義を超えた教会のイメージが影響を与えない限り、教会売買を巡る醜聞が絶えることはないだろうし、そのような醜聞ゆえに市民社会から受ける批判を教会が免れることもないだろう。

隣人なき宗教の神

資本となった神、神となった資本

今まで見てきたように、民主化と消費社会化という急速な変化の中で、権利意識と欲望の主体としての自我が急激に伸長することで市民層が形成された。彼らが教会を離れ始めた。１９９０年代以降の現象である。教会は彼らを包み込むにはあまりに権威主義的だった。さらに、今まで言及してこなかったのだが、伝統的境界が弛緩あるいは解体することで形成される新たな関係、すなわちネットワークとしての関係が重視されるグローバルな変化に対しても、教会は対応しきれなかった。教会には、あまりに排他的で、他者を排斥する内なる境界が歴然と存在していたからである。

このような離脱と危機の状況に対する教会の適応戦略、特に大型教会主導の適応戦略についてみよう。ここで特に考えたいのは資本と神の問題だ。

▼祝福の神、積極的思考と肯定主義

趙鏞基《チョヨンギ》の純福音教会は、都市貧民層を大々的に吸収することに成功し、世界的に前代未聞の成長を果たした。

「三拍子救済論」に要約される趙鏞基のメッセージは、生の桎梏に対し落胆ではなくむしろ積極的に対応し、健康と豊かさ、そして信仰の成功を同時に獲得せよという祝福論だ。そのような彼にとって、1970年中盤以降、アメリカの「積極的思考」神学の主唱者であるノーマン・ヴィンセント・ピール、ロバート・シュラーなどと出会ったことにはたいへん重要な意味があった。これは1960年代以降アメリカ式大型教会であるメガチャーチが主導してきた親資本主義的神学である「繁栄の神学」の中心的スローガンだった。

量的成長において圧倒的な成功を得たにもかかわらず、相変わらず非主流的あるいは異端的存在の烙印を押されていた趙鏞基は、アメリカ教会の最新トレンドを代表する人物たちと出会いながら一躍韓国教会を代表する人物として浮かび上がった。さらに彼は、アメリカ的繁栄神学が、ただアメリカ的現象ではなく全世界的現象であることを象徴する存在ともなったのである。今日、その名声が落ちた韓国とは異なり、アメリカやヨーロッパ、南アジア、アフリカなどプロテスタント聖霊運動が爆発的に起こっている地域では、趙鏞基は世界的キリスト教リバイバルの象徴的存在として崇められている。

趙鏞基の三拍子救済論はアメリカ式繁栄神学の積極思考と言説形式上の類似性を持っている。しかし、三拍子救済論と繁栄神学には決定的な違いがある。趙鏞基の積極思考における前提は貧困である。一方繁栄神学の積極的思考論は圧倒的に白人、男性、中産層中心の価値が反映されている。さらに積極的思考論は、後期資本主義時代の心理学として登場した「人間変革プログラム」の一つ、「自己啓発論」のアメリカキリスト教バージョンだ。1970年代、韓国はまだ後期資本主義的消費社会を経験できず、韓国はようやく産業化に至ったばかりだった。韓国はいまだに「兵営社会」的全体主義におおわれており、構成員の大多数もまだ労働者としての自意識を持てないでいた。後期資本主義的消費社会の主体としての「個人」はいまだ存在していなかったのである。両者の形式は似ていたが内容は異なっていた。それでもその違いの認識の有無にかかわらず、論理的に貧弱な祝福論を編み出した趙鏞基は、いち早くシュラー流の積極思考論を採用した。その結果、趙鏞基の純福音教会は中産層的価値によって再武装し、純福音教会的信仰の深部にはアメリカに対する羨望が内蔵されることとなった。

このような「積極的思考」論は単に純福音教会だけの特徴ではない。少なくとも70、80年代、それまで趙鏞基式の積極思考に半信半疑だった教会が一つまた一つとアメリカ式繁栄神学を受容した。すでに先を見越していた人々は趙鏞基と同じくらい早い時期に繁栄神学を受け入れていた。「積極的思考」論が幅広く受け入れられるようになったのは1990年代、特に2000年代以降だろう。ロバート・シュラーの『不可能はない』（1993）からノーマン・ビンセント・フィルの『積極的思考方式』（2001）、リック・ウォレンの『目的が導く人生』（2003）、そして80万部以上売れたジョエル・オースティンの『肯定の力』（2005）に至るまで、いわゆる「キリスト教自己啓発書籍」

がキリスト教出版界を席巻した事実は、積極思考論が大型教会の牧会者だけでなく幅広いキリスト者大衆の思考と日常に強力な影響を与えたことを示唆している。

今や神は祝福を与える存在となった。礼拝は神の祝福のメッセージに溢れた。翻訳出版されるや否や空前のヒットとなったブルース・ウィルキンソンの『ヤベツの祈り』（２００１）は、まさにロンダ・バーンの『シークレット』（２００７）のキリスト教版メッセージであり、「求めただけ与えられる祈り」の典型を示していた。ここにも肯定主義が溢れている。礼拝はまさにこうした「ヤベツの祈り」の拡大版に他ならなかった。

神は礼拝堂の外に出るようになる。教会は礼拝堂中心ではなく各種の集会を運営する空間へと再編された。老人プログラム、結婚生活プログラム、より良い父親のためのプログラム、新郎新婦プログラム、この他にも各種テーマ別の集会が作られ、これらの小グループは積極的思考論を具体化する場となった。こうして教会建築は礼拝堂というよりもむしろ総合文化センターのような構成へとシフトした。最近、超大型教会の建築に関連して論議を巻き起こしている「愛の教会」の設計プランは、キリスト教的複合文化センターとしての全景を明らかにしている。また、区域会、職場の親睦会でも積極的思考論に基づく教材によって祝福信仰が繰り返されていた。このような祝福の神は信徒たちの生活の隅々にまで浸透し、信徒はこうした肯定主義信仰によって自らの考えと暮らしを組織化したのだった。

▼資本の神、神の資本

このような積極的思考論はキリスト教だけにあらわれた現象ではない。１９９０年代以降、韓国社会ではこのような自己啓発言説が氾濫していた。先述のように、また『ポジティブ病の国、アメリカ』〔邦訳、２０１０〕を書いたバーバラ・エーレンライクが指摘したように、これは後期資本主義的消費社会の自己管理様式と関連している。代表的宗教改革者として初期資本主義的神学を構築したカルヴァンは、市民の節制と自己統制を強調したが、後期資本主義的なキリスト教神学である積極的思考論において、真のキリスト者は持ちたいものを持つために努力することが可能であり、かつそれは正当なことであって、望んだものは手に入るという欲望の原理を追求する。

エーレンライクは、このような肯定言説が「失敗を個人の責任に転嫁する」効果があると批判する。システムは健全であり、失敗はシステムの問題ではなく個々人の無能力と過ちに対する社会的懲罰に他ならないということだ。このような意味で、積極的思考論の神は、後期資本主義的消費社会における「資本」のような存在として理解された。この神は、成功した人々は受けるべきものを受けよと祝福する。こうして祝福されるべき人々の存在価値を正当化する。けれども祝福を受けられない人々を鞭打つ。信仰を固くせよ、と。それはすなわち資本の原理に忠実に生きよという意味でもある。

この点、２００７年夏に労働界を熱くした、代表的なキリスト教財閥企業イーランドの

ある大型教会の建築献金用の封筒。

「ホームエバー非正規労働者解雇事件」〔イーランドグループが展開する大型スーパー「ホームエバー」の労働争議〕を巡る論争において、イーランドを擁護したキリスト教理論家たちの考え方は興味深い。彼らは非正規労働者を解雇することは資本間競争における成功の可能性を高めることであり、それは結局解雇された人々をも含む労働者全体に利益をもたらすことなのだから、結論として資本による解雇は公益に基づくものだと主張した。祝福されるべき人々を祝福する神は、資本間競争において有利なすべての企業行為を祝福し、非正規労働者のような祝福されない人々を鞭打ち、祝福された人々がその祝福を分け与えることで社会的公益が実現するという話だ。

祝福する神は失敗に対して非情だ。後期資本主義社会の自己啓発的肯定言説が失敗を個人化するように、積極的思考論の神は失敗を個人の責任に転嫁し、失敗を構造化するシステムを問題視したり責任を感じたりしないようにする。肯定言説がシステムを肯定するとすれば、肯定神学の神はそうしたシステムの創造者であり管理者でもある。こうしてシステムは神の法則によって運営されることになる。ここから脱落した者は鞭打たれ、資本の秩序に順応するすべを学ばねばならず、それができた時、彼らにも祝福がもたらされるという話だ。

「父はあなたがたの髪の毛までも一本残らず数えている」（マタイ10・30、ルカ12・7）。この聖句は後期資本主義時代の神、資本となった神の属性である。この神の全知の属性は消費社会的欲望の原理を通して実現する。神は消費的欲望を呼び覚まし、この欲望のために自らを律する人々の内面を支配する。人々は自らを律する行動がつらく苦しいものであっても、自らを統制するために最善を尽くし、そうした努力の対価として支払われる神の祝福を確信する。また努力を怠る人々は自らの怠りの責任を問われ、挫折感、つまり罪の意識にとらわれるのだ。人はどこにいてもこうした祝福と罪責の思いから抜け出すことはできない。すなわち資本となった神は、人が何を行い、何を考え、どこに暮らしていようとも常に自らの原理を見出させ、人々の考えと行動に関与する。神は遍在し、そして全知全能だ。こうして資本となった神は資本の原理を通して神的能力を発揮する。「資本となった神」は「神となった資本」と一つなのである。

▼「公共の敵」となりゆく教会

では最初の問題提起に立ち返ろう。権利の主体であり欲望の主体として浮かび上がった市民は教会を離脱するか、あるいは教会に対する親しみの感情を撤回している。こうした危機状況に直面した教会の対応戦略の一つを、僕たちは神学的側面から検討することができるだろう。つまり、神が再定義されているのだ。後期資本主義的消費社会に突入した韓国において、神は資本となり、資本は神となった。

このような神学的再構築は、すでに見てきたように大型教会的現象だ。アメリカの繁栄神学自体がメガチャーチの神学であったように、それを輸入し流通させた韓国の教会もまた主に大型教会だった。もちろん、中小教会もこうした神学に基づく本を熱狂的に消費したし、積極的思考論に基づく礼拝と各種プログラムを運営した。

メガチャーチの神学を中小教会に定着させるためには、さらなる創意的再解釈が必要だ。けれども多くの教会はそうした再解釈能力に欠けていたために、成功は容易なことではなかった。また、アメリカ型信徒プログラムが十分な人的・物的資源の支えによって構成されているのに対し、中小教会がそれをそのまま用いようとすれば様々な困難が待ち受けている。つまり、積極的思考論によって得をした教会はおおよそ大型教会だった。実際、1990年代以降、停滞あるいは減少傾向を経験したのは中小教会であり、多くの大型教会はむしろ信徒が増加している。キリスト教人口が停滞、あるいは減少している流れを勘案すれば、増加分の多くは教会間移動によるものといえるだろう。

積極的思考論の神は、失敗には冷酷だ。同様に、そうした神学を主張する大型教会において失敗者の座は失われてしまった。失敗者たちが教会に残ろうとすれば、成功者たちが分け与える救援物資の「哀れな受恵者」として、教会の片隅でこびへつらっていなければならない。実際、1990年代以降、大型教会はいち早く中産層の空間として再編されている。また、失敗者たちのための空間であった祈祷院も、大型教会においては成功者たちのためのリトリートセンター、すなわち休養空間に取って代わり、そこにはもはや失敗者の再出発のための場所ではなくなった。さらに教会は、教会のみならず社会の制度化過程に介入し、成功者たちを中心とした体系構築に乗り出した。こうして教会は社会における最も保守的な勢力の一翼を形成している。

このように資本となった神、神となった資本が具体化しようとする福音化は、すべての人々に後期資本主義的祝福がもたらされる神の国、資本の国を作り出そうとしている。けれども問題は、こうした大型教会中心のキリスト教的世界観と現実とのギャップが次第にあらわになってきた点にある。韓国社会はいちはやく両極化しており、その程度はOECD加盟国中の最高水準にある。多くの人々にとってこの現実は祝福ではなく、呪いとして経験されている。

さらに最近の韓国社会は社会的統合においても極度な分裂状況に陥っている。社会はすべての人々を成功への疾走へと駆り立てているが、それによってもたらされるのは喜びではなく死の苦痛だ。OECD加盟国中自殺率第1位という不名誉は10年以上続いており、格差はさらに広がっているのが現状だ。人々が受けるストレスの度合いも韓国はもちろん1位の座を占めている。その結果、競争に勝ち抜いた人々であれ失敗した人々であれ、支配秩序に対する反感が徐々に高まっており、それを表現する言葉も次第に高度化している。

教会の場合、それはいっそうはっきりしている。教会はこのような後期資本主義的支配体制の中心であるだけに批判しやすいし、たやすい敵と思われてもいる。それゆえ教会に対する批判は支配体制のいかなる領域に対する批判よりも厳しく痛烈だ。教会は次第に隣人を失った宗教になりつつある。これは教会がそのようにふるまった結果でもあるが、外部も教会を敵対視している。市民Kは、このように神になった資本、資本になった神の社会を志向する教会を離れているだけでなく、次第に敵対感をあらわにしはじめている。

世界に向けて、無礼な宣教者となれ！

「宣教立国」の社会心理学

国際通貨危機〔1997年末〕以降、韓国教会の最も大きな話題の一つは、意外にも海外宣教だった。市民社会では「檀君〔建国神〕以来最大の災難」という言葉が流行っていたが、教会では「世界第二の宣教大国」（一位はアメリカ）という言葉が人々の口に上り、教会ごとに海外に宣教師を派遣し、彼らを支援するブームが起こり、ついにはだれもが海外短期宣教を通じて一度は宣教師になってみようという現象が枯草に広がる野火のような様相を呈した。

このような「宣教立国の熱狂」を宣教論的観点ではなく、危機の社会心理学的観点から語ってみよう。これは、すでに述べてきた内容に加え、市民が教会から撤収し始めた1990年代以降、教会と信仰の危機に対する教会の対応を検討するための第二の試みとなる。

▼アフガニスタン人質事件と海外短期宣教

２００７年７月23日、アフガニスタンのカブールからカンダハールに向かっていた韓国人宣教チーム23名がタリバーンによって拉致されたという外信が全世界に発信された。この驚くべき事件が起こるや、すぐさま韓国の市民社会は教会で行われている非常識な宣教現象に注目することになった。

事件の真相とその背景を調べるにつれ、人々は「短期宣教」という聞きなれない言葉が問題の震源地であることを発見した。人々の頭にある「宣教師」という言葉には特別な信仰的選択を行った人々という合意があった。さらに「僻地に向かう海外宣教」は、殉教覚悟の信仰的行為とみなされてもいた。

ところが「短期宣教」だという。人生のすべてを賭けるのではなく、せいぜい休暇期間程度を費やす軽い宗教心を発揮した人々が、偉大なる「宣教師」という名前で呼ばれ派遣された。さらに彼らが訪問した宣教地は簡単な場所ではなかった。そこは世界で最も危険な地域に属していた。何の準備もできていない彼らを、長い時間をかけて準備しなければ行くことのできないような地域に送り込んだのだ。なぜこのような不自然な組み合わせが必要だったのだろう。短期宣教を巡るこのような問いは韓国の宣教現況を理解する上で大きな意味を持っている。

海外「短期」宣教というものがいつ登場したのかを知ることは容易ではない。ただそれが海外宣教ブームとあいまっていることに疑いの余地はない。それまで海外宣教に無関心だった大部分の教会が、先を争って海外へと宣教師を送り、持続的に後援するシステムを構築し、教会は宣教師たちが送ってくるニュースを回覧することで自尊心を満たした。世界で最も貧しい地域で神の福音を伝える宣教の働きに、間接的にであれ参与する機会が生じたのである。

実際、宣教師たちが送り込まれたのは布教活動が困難な地域だった。行き先の多くはキリスト教宣教が不可能なイスラム地域であり、戦雲たなびく、あるいは戦争中の地域も少なくなかった。多くの場合、そこでは中央政府の治安維持能力も貧弱であり、部族単位の軍閥勢力が暴力と人権侵害を引き起こし、西欧資本の進出によって労働力の搾取や労働災害などが日常化していた。多くの宣教師たちは現地の人々を説得するだけの言語能力を持っておらず、習慣や制度の障壁を乗り越えるだけの認識や手腕、政治力も不足していた。貧困にさいなまれている人々に分け与える物的資源も不十分だった。当然、彼らの多くは自分たちを送り出し支援する教会に定期的に報告するだけの成功事例を手にすることはできなかったのである。その結果、報告書は徐々に過大な装飾を帯びていった。継続的に支援金が送られて来なければ生活が成り立たず、最小限の宣教活動しかできないからだ。

教会の主任牧師の立場からも宣教師たちの定期的報告はたいへん重要だった。大部分の教会は成長が止まっており、大部分の信徒は教会に対する忠誠心を失っていた。あちらこちらと教会を渡り歩く人々を誘致し定着させることに成長の道を見出す他はなかった。こうした状況で宣教師を派遣し、彼らの働きに信徒たちを参与させることは、信徒としての自負心を向上させ、教会に対する忠誠を維持するための重要な手段だった。そのためには頻繁に宣教師たちからの報告書が届く必要があった。特に一般の教会は宣教型パラチャーチ（UBF、ナビゲート宣教会など）よりも宣教に対する専門的理解が不足している上に、信徒たちを鼓舞しようという切実な願いの中で宣教師を派遣したわけだから、宣教型パラチャーチに比べはるかに少ない頻度でしか報告書が送られてこないのは当然だった。宣教が困難な地域でまともな準備もないままの宣教師たちが頻繁に送ってよこす報告書に、多くの場合、装飾がほどこされる他はなかった。浮遊する信徒を誘致するためにも宣教師たちの大げさな活躍の様子はとても重要だったのである。

信徒の立場もこれと異なってはいない。市民社会において教会は嫌悪の対象となり、あちこちから吹き出す醜聞をマスコミは競うように暴露していた。教会は民主化以降、韓国社会の保守勢力の不正と腐敗が凝縮した場所とみなされていた。こうした問題は多くの信徒にアイデンティティの危機をもたらした。日曜には誇らしげに聖書を小脇に挟んで教会に通っていた信徒たちの減少は顕著だった。日頃自らをプロテスタント信徒であるとみなす人間も減少した。キリスト教徒であることが、もはや誇らしいというより恥ずかしいものとなってしまったのである。ところが、宣教師たちから届けられる報告書を通し、世界の貧しい人々に福音が伝えられ、彼らが主の祝福を受けることができるようになったという知らせがもたらされた。彼らはどんなに困難な状況に置かれていることだろう、彼らにとって福音の祝福がどれほど必要なことだろう……。

信徒たちがその貧しい人々と直接接する必要はない。彼らの痛々しい経験やそれによる人間のゆがみに向き合う必要もない。身近な貧しい隣人に施しをする場合、物質的なサポートだけでは十分ではない。けれども彼らははるか遠くにいる。しかも彼らは大がかりな何かを必要としているわけではない。わずかな援助も彼らには大きな助けとなる。宣教師たちの報告書は、信徒たちにわずかな物的支出で大きな慰めとプライドを持たせることを可能とした。

要するに、海外宣教は教会とキリスト者に対する社会的嫌悪感が極大化した状況において、教会成長の危機が深まりキリスト者としてのプライドが深く傷つけられたとき偶然発見されたたいへん効果的なプライド復権のための対案だった。

ここで留意すべき点は、海外宣教師の数が急増したのは1989年からだという事実である。この年は、周知のとおり海外旅行自由化措置が実施された年だった。こうした法制上の変化は認識の変化をもたらした。海外旅行はそれまで贅沢とみなされていたが、この時以降、学びを深める機会の一つとして市民全体に受け止められ始めた。

こうした認識の変化に合わせ、教会は頻繁に海外宣教師を派遣するようになる。それまで海外宣教師になるのは主に宣教型パラチャーチ出身者であり、一般の教会はそれを好ましく感じていなかった。それまで宣教型パラチャーチと地域教会との関係は良くはなかった。宣教師になろうとする人々は、まず国際宣教団体の後援を取り付け、その次に自分が属するパラチャーチの後援を取り付けることになる。少なくもこの頃まで、一般の教会が後援者として期待されることはなかったのだ。海外宣教を志す人々がさほど多くない時代にも、このように後援団体を確保するのは容易でなかった。望むような機会に恵まれない人々は、海外勤務の可能性がある職場を利用し、自費宣教（自ら資金を調達する宣教）を選択することもあった。

けれども海外旅行自由化措置とともに、海外に目を開かれ始めた社会的認識の変化に合わせて、一般の教会に後援を申請する海外宣教志願者と宣教師を独自に派遣しようとする教会との利害とが一致するようになる。その結果、海外宣教師の数が急増したのだった。

先述したように、海外宣教のいち早い拡散過程において、教会と信徒は宣教師を派遣し後援することが宣教目的のみならず、自分たちが危機的状況から抜け出すためのきっかけともなる、という発見をする。こうして海外宣教は一つのブームとなった。

もう一つ注目すべきことがある。韓国宣教研究院（Korean Research Institute for Mission＝ＫＲＩＭ）の統計によれば、海外宣教師は１９９８年からその数が大きく増加したという。２００７年、アフガニスタン人質事件が起こった直後、しばしとどまったとはいえ、こうした増加速度は２０１１年現在まで変わっていない。これは海外宣教現象が、韓国教会の危機への対応であるという点において構造化していることを意味している。

▼「短期宣教は一種の克己訓練である」

冒頭、アフガニスタン人質事件における問題の核心が海外短期宣教にあると言った。そして、海外宣教が近頃ブームとなっている現象とその背景について検討したが、いよいよ短期宣教そのものに焦点を当ててみよう。

海外短期宣教に関する数量的情報は確認ができない。ただ、とてつもなくたくさんの人々が短期宣教によって海外に赴いたのは事実である。ここでは海外宣教ブームから短期宣教に至る過程をたどってみよう。そうすることで短期宣教現象が内包する教会と信徒の社会心理学的含意が見えてくるはずである。

先述のように、最近になって教会は海外宣教師を派遣し後援する主体として浮かび上がった。海外宣教と宣教師に対する信徒たちの関心が全般的に高まった。自然と信徒たちの宣教地訪問も行われ、教会がそれをプログラム化することも多くなった。こうして発展したのが短期宣教だった。

信徒たちは単なる後援者、訪問者から、宣教師になった。しかし訪問者から宣教者への転換の過程には大きな跳躍が必要なはずである。はたしてこのような大きな転換はいかにして可能だったのだろう。この点が短期宣教を理解する核心的要素となる。

ほとんどの教会が派遣した宣教師たちは、短期宣教チームの活動のようなプログラムを開発運営する能力に欠けていた。ふさわしいイベントや活動体験のための現場も不十分だった。もちろんプログラムやイベントの開発運営には長年組織的に経験を積んだ機関が必要だった。このような問題を補うため、大型教会は宣教型パラチャーチによって組織された機関と連携してより大きな宣教機構を作り、あるいは教会自身が独自の機関を作る場合もあった。このようにして作られた機関が中心となって短期宣教プログラムが企画運営されたのである。

これらのプログラムは事前の訓練と実際の宣教活動とで構成されるが、興味深いのは、事後プログラムがほとんど企画、実行されなかったという点だ。それは短期宣教がいかなる意味を持っていたかを端的に物語っている。短期宣教は、宣教地の必要よりも宣教師として参加した人々と彼らを派遣した教会の必要によって遂行されていた。もちろん、すでに指摘したように、海外への宣教師派遣それ自体がすでにこのような意味を持っていたのだが、短期宣教においてその意味がいっそう明らかになったといえるだろう。期間が短いほど現地において彼らができることは著しく制限される。しかも、このプログラムに参加した人々が主催者である宣教機関に強い帰属意識を持ってしまい、自分の教会をおろそかにするようであってはならない。そのために宣教機関が参加者のための事後プログラムを作ることはなかった。参加者たちは、宣教地での経験とそこで高揚した霊性をひたすら自分の教会のために用いなければならなかったのである。

それゆえ短期宣教は宣教というよりも教育に近い。一種の克己訓練のような性格を帯びている。その現場が混乱し危険であればあるほど効果が高くなる。それは一種のアドベンチャーゲームでもある。それゆえ短期宣教に最もふさわしい地域は最も危険な場所となる。アフガニスタン人質事件はまさにこのような構造化した韓国教会の宣教メカニズムから発生した、十分に想定しえた事故だった。

▼海外宣教で教会の危機を突破せよ？

１９７０年代の韓国教会では「祈祷院」ブームが巻き起こった。一方、１９９０年代、特に通貨危機以降の韓国教会では「短期宣教」がブームとなった。かつて教会は、自ら祈祷院を建てるか、あるいは有名な祈祷院と提携を結んだ。教会は祈祷院でのプログラムへの参加を奨励し、時には独自のプログラムを行っていた。

祈祷院は、「現実の外側」を象徴する空間である。乱暴な資本主義的成長主義によって突進していた時代に、資本主義的合理性の外側、非合理の論理がまかり通る空間、伝統のノスタルジーが猛烈に火花を散らす空間が祈祷院だった。社会の資本主義的変貌プロセスにおける失敗者が集まり、おのずとそこは心と体を病んだ人々で溢れた。また、比較的社会にうまく適応していた人々も日常から退いた非合理的場所を見出し、自由な霊の躍動を経験することで日々の暮らしに生命力を補充したのである。

一方、１９９０年代以降の短期宣教は、資本主義的変化の時代に希望を失わない人々、いまだに失敗の切実さを経験していない人々、むしろ生涯そのような失敗を経験しないだろう人々、とはいえ、成功に向けてスペックを積み上げる中で直面する苦しさとやるせなさから脱出したいと願う人々が、利他的な信心を通してその呪縛から解かれるうってつけの手段として用いられている。彼らの宣教地は資本主義的には失敗している地帯であり、その合理性の外部にある。宣教師として派遣された彼らは、その地域に自らが享受した合理性を移植することを福音化と思い込む。まさにこうした思い込みを通して、彼らは資本主義的合理性により一層忠実な存在となることで、存在の苦しさとやるせなさの危機を乗り越えるのである。

それゆえ短期宣教現象は、通貨危機が韓国社会を奈落の底に突き落とした、まさにその時期に急増できたのだ。それは基本的に、成功した／成功するだろう人々の信仰的勝利の物語である。まさしく今日の僕たちの教会の諸制度は、中流以上の人々の社会的利害を信仰的認識として表現することで実現しているといえるだろう。すなわち危機に直面した教会は、中流以上の人々の勝利主義を信仰の言語で表現することによってその危機を突破しようとしている。その一つが海外宣教であり、海外短期宣教なのである。

豊かさの神学は福音ではない

教会的「先進化言説」の二つの顔

韓国が産業社会として前進していた頃、教会は社会の成功至上主義を最も体現した空間だった。成功至上主義は教会の信仰であり、民族的共同体の理念でもあった。つまり、成功者には祝福を与えるが、失敗者にも慰めと再起のメッセージが告げられた。だれも民族の一員であるという信仰が内面化されていたからである。

一方、消費社会へのすばやい転換期、教会では「積極的思考」による暮らしと信仰のスペックを積み上げることに全力投球する個々人が浮かび上がった。失敗者には無関心と冷淡さがあるだけだった。失敗者たちの空間は次第に減少した。こうして教会は顕著に個人主義化、中産層化したのだ。

▼「安価な実践」で「安価な恵み」を受ける

前章で、短期宣教が資本主義的成功地帯に立つ人々自身の癒しの欲求の産物であることを見た。この話をもう少し続けてみよう。資本主義的成功に立ち遅れた地域とその住民たちに成功の祝福への希望を分かち合おうという助け合いの精神が海外宣教ブームをもたらした。

「失敗地域」は、必ずしも海外にあるとは限らない。けれども国内宣教は行き詰まっている。人々は教会が提供するあらゆる体験をこれ以上魅力的だとは思わず、むしろ教会は堕落した人々の空間と見なされていた。パラダイムの転換が必要だ。けれども教会はそのための費用を捻出するよりも、安価で安易な対案を見つけたのだった。

身の回りで助け合いの精神を発揮することは難しい。社会的敗者を満たすのは食べ物だけでは不十分だからだ。挫折の苦痛は体全体から吹き出し、ついには周辺にまでその毒をまき散らす。宣教とはそれらすべてを丸ごと引き受けるものでなければならないが、教会は安易な助け合いの精神で分かち合いの満足感を得られる方法を選択した。そのようにして見出したのが海外宣教だった。日常から遠く離れた人々の苦痛に切迫感はないし、軽い満足感を提供する素材としてはうってつけだった。

国内宣教のための基金は減少あるいは停滞する反面、海外宣教のために基金は増大した。そして信仰的分かち合いを夢見るクリスチャン青年たちは競うように海外宣教体験を求め、少なからぬ人々が学校の休みや仕事の休暇のたびごとに習慣的に短期宣教プログラムに参加した。

消費社会が発展するにつれて消費マインドは人々の腹の底にまで行き渡る。自由に消費できない人々は疎外感に陥らざるを得ない社会となった。一方、グローバル化の波は一瞬も気を抜けない競争社会をもたらした。消費マインドを満たそうとすれば熾烈な競争の勝者とならねばならない。人々にとって助け合いの精神は少しずつ縁遠いものとなっていった。高い消費能力を持つ安定した階層の青年たちにとってはもちろんのことだ。

けれども驚くべきことに多くのクリスチャン青年は戦場のような日常からの一時的退却を、(快楽的消費ではなく)彼らなりの助け合いの実践に見出そうとした。短期宣教がそれだ。一方でそれは宗教的情熱の所産であり、他方では熾烈な競争において少しばかり自由で余裕ある階層がもつことのできる特権の所産でもあった。こうして情熱と特権が出会う場所に、「善いサマリア人」ならぬ「善い(クリスチャン)青年」が立つことになる。

彼らは短期宣教のみならず、海外援助型の宣教機関が企画した養子縁組プログラムにも積極的に参与した。もちろん、よく知られているように、これは実際の養子縁組ではない。児童に対する財政援助を養子縁組と命名したのだ。養父母の献身と愛をぎりぎりまで簡素化したものを養子縁組と命名することで、後援者は父母となったという意識を仮想的に体験できる。この財政援助は短期宣教と同じ構造をもっている。つまり、わずかな助け合いの実践で、人は誰でも宣教師になり、父母になれるのだ。

こうして、消費社会における余裕を助け合いという形で支出する「善良な」方法がキリスト教信仰の制度として発明された。キリスト教は伝統的に自らを「罪人」と呼ぶ。それは「原罪」と関連しているから人為的努力を通じて解消はできない。宗教改革の伝統はその仮想的解消法を提供した。「キリストによる恵み」だ。ナチスに抵抗し「ヴァルキューレ事件」によって処刑された神学者デートリッヒ・ボンヘッファーはこれを「安価な恵み」と呼んだが、この「安価な恵み」の信仰は原理上「消極的主体」を生むことになる。悔い改めも生活の転換もなく罪の赦免が可能であれば積極的主体は必要がない。それでも僕たちがこの世界で積極的な存在であり得るのは、神が僕たちを「今、ここ」においてそのように生きよという「使命」を与えたから、ということになるのだが。

ところで韓国教会は最近、新しい方式の信仰体系を生み出すことに成功した。「安価な実践」で積極的主体となることができる信仰だ。キリストの恵みを受けるだけでなく、その恵みの供与者としての自意識を生む信仰。そうすることで聖なる品性の持ち主たる宣教師や父母の品性をもつ存在として人は自らを認識することができるのだ。

ここで留意すべきは、このような「安価な実践」に必要な費用を喜んで捻出できるのが信仰的情熱と社会的特権とを併せもつ人々だという点だ。学費を作るために、あるいは信用不良者にならないようにと働き続けねばならない中産層以下に位置する青年たちにとって、そのような費用を捻出することは難しい選択だった。

▼ウェルビーイング信仰の二つの顔、所望《ソマン》教会

高速成長を通して近代的産業化を達成した韓国社会に、いまだ豊かさの文化はないと言っても過言ではない。あるとすればそれは「成金文化」程度だ。したがって韓国で民主的

制度化は「平等」に対する大衆の強い要求と結びついていた。反面、中産層以上の人びとは自由民主主義、いや資本主義を強調した。いかなる社会であれ特権は不可避であり、発展のためにはむしろ特権が必要であり、社会が徐々に成長すればそのときこそすべての人々により多くの豊かさが分け与えられるはずだというユートピア主義を強弁した。こうして韓国では、民主主義と資本主義は矛盾することなく互いをむさぼるように利用しつつ制度化した。

民主政府下で推進されたこのような制度化は、いかなる理由にせよ、結局のところOECD国家の中で最も不平等な社会を作り出した。こうして民主主義に対する大衆の熱望は次第に終息する。社会を統合しうる唯一の論理が成功であり、それが李明博《イミョンバク》政権〔２００８〜２０１３年〕を生み出した。李明博政権の初期スローガンには「成長」だけではなく「先進化」も含まれていた〔就任以来、李明博大統領はことあるごとに「先進化」を掲げたが、一般的でないこの概念に対する疑義は多かった。「後進国」から「先進国」に転換するという程度の意味か〕。成金的成長ではなく「品格ある成長」を強調したかったのだろう。現実的にこれは捏造に等しいスローガンでしかなかった。けれども、そうした主張を前面に打ち出す政治勢力が李明博政権内部に存在したし、それを支持する勢力が市民社会の側にも存在していた点に注目する必要がある。

そのことを示す証拠は随所に見られるが、その一つは、ウェルビーイング文化が中産層の中に拡散していたという点だ。食文化を筆頭に、ライフスタイル、住居、そして私的公的領域における「中産層の高級化」現象がその事例だ。また消費のパターンにおいても、あからさまな贅沢ではなく倹約と実用を旨とする消費がこの階層に見受けられる。そして教会周辺に現れる信仰的言説においてもこうした傾向は顕著だった。

著名な福音主義の牧師、姜俊民《カンジュンミン》は「豊かさの法則」という言葉を流行させた張本人だ。その著書『豊かさの法則――満ちあふれる神の豊かさに至る21の法則』（２００７）によれば、彼の「豊かさの神学」は、どうすれば金持ちになれるのかを論じた趙鏞基《チョヨンギ》をはじめとするこれまでの大型教会神学と異なる観点から語られていることがわかる。趙鏞基たちは積極的な姿勢で信仰にも社会生活にも邁進せよと勧めた。一方姜俊民は他者を豊かにしようとする生き方こそが自らを豊かにするという主張を展開する。趙鏞基たちにとって豊かさが目的だったとすれば、姜俊民にとって豊かさは一つの過程だ。前者が目的にむかう道具として生活と信仰の積極性を強調したとすれば、後者は道徳的な実践過程の中で豊かさの原理を描き出している。

趙鏞基の周辺には都市に移住した無数の大衆、都市貧民層がいた。彼らは、切迫した困窮と蔓延する疾病の渦中にあって信仰によって豊かになることを渇望する大衆だった。反面、姜俊民の著作を読む人びとはすでに豊かさを享受している大衆である。彼ら読者層の大多数は貧困から豊かさへと至った第一世代ではなく、その次の世代だ。彼らは生まれたときから豊かであり、困窮は間接的に知りうる「他者の経験」にすぎない。姜俊民はこのような人びとに向かって、道徳的実践が備わったライフスタイルを実践してこそ、真の豊

代表的な江南教会の一つである「ソマン教会」。

かさが信仰的徳目として具現化する、と語っている。

所望《ソマン》教会はこれら二つの要素が矛盾的に折り重なる代表的な教会だ。牧師のメッセージは成金型の浅薄な成功に対する批判にあふれており、それに劣らず倹約的で実用的な信仰文化の要素が随所にちりばめられている。多くの大型教会の週報はオールカラーの華麗な印刷で教会を大げさに引き立てようという欲望が随所に見受けられるが、所望教会の週報は白黒印刷で簡潔かつ素朴で実用的でありながら洗練されたデザインだ。

結婚式も同じだ。教会運営において信徒の結婚はとても重要な要素だ。それだけに多くの大型教会には結婚式担当牧師を配置して可能な限り多くの信徒の結婚式を行おうとし、それは礼拝というよりイベントとしての性格が現れている。一部の結婚式は上流社会の大げさな婚礼様相を余すことなく示している。これに対し所望教会では結婚式を週二件のみ教会に付属する空間で行い、すべて主任牧師が司式をする。礼拝の内容と形式、室内装飾は違いがわからないくらい標準化されており、イベントとしての属性は最小限で定式化された典礼の性格が強い。制服の学生たちが皆同じに見えるように、所望教会の場合、結婚式だけで当事者たちの社会的階層を見分けることは困難だ。

礼拝堂も数十年間変わらず、実用的で素朴な外観にこだわっている。礼拝時間も強迫観念にでもとらわれたかのように正確に始まり、正確に終わる。礼拝堂では信徒たちの「アーメン」という典型的な合いの手すら聞こえない厳粛さだ。また教会行事も簡素で、信徒は拡大された家族に会うために教会に集う。次々と変化するめまぐるしい社会において、この教会はあたかも戦場から離れた安息の地であるかのような主日を提供する。所望教会は、解体と速度を特徴とするモダン空間の渦中、狎鴎亭《アックジョン》〔ソウルの高級住宅地〕にあって、そこでゆったりとして定式化された礼拝に象徴される独特な信仰文化を強調し、そこに韓国的近代性がもたらす文化とは異なる自己表現としての「ウェルビーイング信仰」を追求する人びとが大挙信徒としてその座を占めるようになった。

けれども、所望教会の前主任牧師のもう一つの顔に僕たちは驚かされる。彼はこうしたウェルビーイング信仰文化の形成に決定的影響を与えた人物であるにもかかわらず、韓国教会の牧師の中で裏金作りの能力が第二位だと噂されれば一位でないのかと寂しがった人物であり、彼はまた韓国に数台しかないスポーツカーを集めては乗り回す強い消費性向を持ち、教会の基金で自分の息子に大型教会を作ってやるほどの通俗的リーダーシップも示している。彼は一種の変則的牧師職世襲を行ったのだ。この教会は韓国最高の結婚市場だと公然と語られるほど、特権的な階層が集まる青年会も運営している。さらにこの教会は、「高・所・領」という言葉が示すように〔李明博の母校高麗大学、彼が長老を務める所望教会、彼の出身地・領南地域を指す、彼の情実主義の代名詞〕、李明博式情実主義の温床でもある。しかしこれは政府内の人事に限った現象ではないだろう。あらゆる特権集団内において所望教会を媒介とした人脈は現実的に機能していたのであり、そうであればこそ政府の「高・所・領」人事も可能だったのだろう。このような非民主的特権層が幅を利かせる空間のただ中にこの教会は確かな位置を占めている。

▼豊かさの神学は福音ではない

　成金型大型教会が支配的な中、姜俊民式の豊かさの文化を試みる現象が大型教会のあちこちに出没している。僕は先にそれを、韓国社会の中上流層に生じた一種の「豊かさの美学」として解釈した。政府の「先進化」言説もこうした中上流層的美学の政治バージョンであり、その信仰バージョンが所望教会だとすれば、これらの美学は内実を伴わない偶発的現象にすぎないのだ。所望教会の暴力事件〔2011年4月、内部分裂を発端に発生した牧師同士の暴力事件〕はそのことを示す一つの証拠といえるだろう。それでもこうしたタイプの信仰の社会化は、次第に韓国教会保守層の主要文化の一つとしてその座を占めて行くことが予想される。なぜならこのようなウェルビーイング信仰文化を先導した一部の大型教会（例えば愛の教会、オンヌリ教会など）だけではなく、豊かさの神学を教会成長言説としてではなく教会改革言説として発展させている人びと（清貧論者、韓基総解体論者など）がいち早く大衆的知名度を高めているところに、こうした可能性を垣間見ることができるからだ。

　けれども、中間層の下降趨勢が局面化するこの時代、「清らかな金持ち論」のような富裕層の美学は、李明博政府の「先進化」言説同様、市民を欺くその場しのぎのメッセージにすぎない。それは大衆にとって福音とはならないからだ。

神々の帰還、しかし教会に神はいない

空虚な省察の座

教会に対する人々の期待が打ち砕かれる中、教会は大衆、特に資本主義的世界で失敗した大衆を嫌い、成功者たちのための宗教として生まれ変わっていた。今や韓国のプロテスタントは次第に中産層以上の信仰的同好会となりつつあり、韓国の貴族主義的保守主義の胎盤となっていた。

今日の市民社会は宗教を必要としている。大衆、特に失敗あるいは失敗の予感から自由になれない多数の大衆は多分に宗教化しているように見える。宗教的市民の台頭だ！　彼らはどこに行くべきか、どこへ行こうとしているのだろうか。ここではこの問題を論じてみたい。

▼「市民の道」、「宗教の道」

代表的な大型教会の一つ「愛の教会」の建築を巡る紛争について考えてみよう。愛の教会は最近もっとも速い成長を遂げている大型教会の一つであり、プロテスタント信徒の間でもっとも評判の高い教会だ。

問題は、新築予定の礼拝堂が教会の購入した土地の境界を越えて公道の地下空間を占有するように設計されていた点にある。そのように設計しなければ信徒数にふさわしい規模の礼拝堂を作れなかったのだという。教会付属施設ではなく礼拝堂をだ。つまり、この建築計画は変更なしで進められねばならないという。だがもしそうなれば、問題となった公道の地下空間は、教会の許諾なくしては永久に公的空間になり得ない。いまや宗教団体を含む多数の市民団体は、瑞草《ソッチョ》区庁が建築許可を出したことに疑問を呈し、監査請願のための署名運動を起こしている。

この請願には、一見些細なことのようだが注目すべき問題事項が二つ含まれている。一つは地下鉄からの出口が教会敷地内に出るよう変更されていること、もう一つはそれまで普通の路地だった狭い道が教会の敷地内を通過しなければならない道に変わっている点だ。請願者たちは、こうした事態が市民の自由な通行という幸福追求権を侵害すると考えている。

こうした市民たちの感情を抜きにキリスト教神学的観点から見れば、教会が自らの空間を公的施設として活用することは必ずしも否定的に捉える必要はないだろう。今まで教会は高い塔を取り囲む壁によって閉鎖的空間構造を維持してきた。今回の愛の教会の建築計画はもちろん自分たちの必要によるものではあるが、これによって教会員たちは教会施設

公道の地下占有問題に揺れた「愛の教会」。

を外部の人々と共有せざるを得なくなる。これは一般的な韓国のキリスト教徒たちにはなじみのない経験であり、信徒たちもある程度の不便を甘受しなければならない。しかしこれは教会の必要によってそうせざるを得ないゆえに、甘受すべき不便さだ。教会は信徒たちに対し、そうした事情を積極的に説得することを前提としてこの計画を推進した。

これは意図せぬ効果をもたらした。教会が市民社会と空間を共有すること、すなわち空間を巡る神学と信仰の社会的公共性に対する議論が展開したのだ。実際この教会は教会建物内に児童教育文化施設を整えると約束した。この施設がはたして宗教教育機関の範囲を超えて市民社会と共有できるような運営が可能かどうかは見届けなければならない。しかし、たとえこれが初めての試みではないにせよ、少なくとも教会施設を市民社会と共有することにしたのは、この教会の地位を考えれば意味のある事例となり得るだろう。今後多くの教会建築に影響を及ぼすことになるに違いない。

けれども多くの非キリスト教徒たちは、この教会の事例にあるように、教会施設を公的空間として使うことを嫌っている。たかが階段、エスカレータ、通路でもだ。教会が他宗教の空間を偶像として排斥し、社会の多くの部分を「この世のもの」「無価値なもの」とみなしてきたように、いまや多くの非キリスト教徒たちが教会に対して同じような態度をとっている。ほんのわずかでも関わるのは嫌だという嫌悪感の表現だ。

たかが通路に対する態度がこうならば、教会が示す「命の道」あるいは「社会の道」に対する態度は想像するまでもない。これまでも語ってきたように、教会は「道」を必要とする多くの人々の「道」になれずにいる。プロテスタント系市民団体である「キリスト教倫理実践運動」が調査し２０１０年に発表した「２０１０韓国教会の社会的信頼度世論調査」によれば、カトリック、仏教、プロテスタントの三大宗教団体の内、プロテスタントの好感度は断然最下位だ。また２００９年『時事チャンネル』１０３２号が発表した「職業別信頼度調査」の調査対象33業種の内、牧師は25位で、カトリック神父（11位）、仏教僧侶（18位）よりもはるかに低い信頼度であることが分かった。

にもかかわらず、今日、韓国の市民たちはとても「宗教的」だ。ここで「宗教的」というのは、知的判断よりも情緒的共感に基づく考えや行動を優先する態度を指している。この場合、情緒的共感の対象は自らの知的判断を越えた存在だ。それが理念か、神か、あるいはいかなる見慣れぬ対象かにかかわらずである。すなわち、内在的であれ外在的であれ、超越的他者に人（々）が情緒的に共感し頼ろうとするとき、僕たちはそれを「宗教的」と呼ぶ。だとすれば、なぜ韓国人たちは近頃いっそう「宗教的」になったのだろう。過去において、韓国はあまりに「宗教的」な時代があったが、その時と今とでは「宗教性」に違いがあるのだろうか。

▼「朴正熙《パクチョンヒ》と趙鏞基《チョヨンギ》以降」の後

韓国の資本主義はかつて全国民の夢だった。先進国に対する羨望と先進立国に対する情熱が自分と家族の安定と発展を保証してくれるはずだった。むしろこれらは別々のものではなく一つなのだと考えていた時代があった。このような夢が宗教的だったかどうかは明らかではない。一方それは「経済開発五ヵ年計画」のような国家主導の開発計画の産物であり、このような経済政策が国民に浸透するにしたがって国民一人ひとりが自分たちの将来計画をそれに従わせた結果でもあった。けれども他方、あらゆるものが破壊され、唯一の資源である人間までもが戦争という商魂によって切り売りされた廃墟の上で、カリスマ的指導者を崇拝し彼の精神に感情移入することでその信仰を通して奇跡的かつ前代未聞の成功をもたらしたことがこの時代における発展の内幕だったのだ。前者は知性主義的解釈であり、後者は宗教的解釈だ。両方の側面が互いに絡み合いながらこの時代は進んでいったと見るのが妥当だろう。つまり、この時代の経済的成功は、宗教的なものと知性的なものとが互いに補い合いながらもたらされたのである。

これまで述べてきたように、この時期に教会は急成長を遂げた。多様な理由があるにせよ、カリスマ的指導者の役割がその中心だ。人々、特に離農民たちは自らの理性的判断からは到底想像すらできないような豊かさの夢を抱いた。そしてその夢を教会の中で実現させようと導いた人々がまさにカリスマ的指導者たちだった。彼らは人々の宗教心を最大限動員することで教会成長のための総動員態勢を可能にし、それが大型教会を生み出したもっとも中心的な理由だったことに疑いの余地はない。そして教会の成長主義的情熱は急激な社会発展の宗教的動力源でもあったのだ。

けれども最近韓国社会において多くの人々は夢を描かなくなった。没落への危機感が蔓延しているからだ。かつて夢を描く上での合理的根拠となっていた各種の経済指数は、今やいかなる夢をも支えてはくれない。次第に多くなる自然災害も社会的憂鬱観の原因の一つだ。そして国際的危機は、その震源地が近くであれ遠くであれ、バタフライ効果によって徐々に深刻な危機として認識される。政府の偏った政策や政治運営によって没落の有様が浮かび上がる事態も少なくない（龍山《ヨンサン》再開発地域で商いをする人々はその犠牲者の代表だ）。いつどこで災難が降り掛かるか予想はできない。資本も政府も時と場所を選ぶことなく自分たちの失敗を大衆に転嫁する（韓進《ハンジン》重工業を解雇された人々やニュータウン建設予定地域から立ち退かされる住民たちがその例だ）。

このような状況の中で、人々は絶えず何かをしなければならない。目的があるからではない、不安だからだ。そしてその何かは、共に暮らす仲間、人間、動植物、環境、それらすべてを犠牲にするものかもしれないものだ。ジグムント・バウマン（Zygmunt Bauman）が *Liquid Times*〔未邦訳〕で語った「狩人の世界」の様相が赤裸々にあらわれているのが今の韓国社会だ。現代の狩人は食べるために狩猟をする古代の狩人とは違う。食べようがそのまま捨てようが、破壊者のように行動する狩猟マシンだ。そしてこの狩人たちは、自分が狩りに失敗した瞬間、今度は自分が狩りの対象になってしまうのではないかという不安にとらわれている。

今の時代、いかなる方程式も安全を保障してはくれない。多くの人々がそう考えている。民主主義が発展してもそれは同じことだ。いくら経済が成長しても違いはない。自分が住んでいる町が「ニュータウン地区」に選ばれても不安であることに変わりはない。自分が通っている会社が大きく利益を伸ばそうとも安全ではなく、経営上の危機があるとなればいっそう不安は深まる。このような逃げ場のない日常を生きなければならない人々は、たいてい「宗教的」であろうとする。知性主義が与えてくれない安定を保証してくれる超越的存在に対する情緒的な依存が必要なのだ。

過去、軍事権威主義の時代に人々の宗教心を吸収したのは朴正煕と趙鏞基だった。それを可能にしたのが彼らのカリスマ的リーダーシップであり、国家と教会は彼らを中心とした一つの宗教制度であり、大衆はこの制度を通じて国民、聖徒〔信徒〕として召し出されたのだった。このとき神は朴正煕と趙鏞基を似姿（image）として到来した。たしかにこのような社会は「神聖なる社会」だった。

ところで、韓国における民主主義は朴正煕の神聖性を冒涜し、国家を脱神話化しながら登場した。けれどもこれは政治的領域にとどまらない。文化的・宗教的領域も民主化の対象だった。神聖国家統治者の臣民である国民は民主国家の主権者たる市民となったのであり（国民の市民化）、趙鏞基のようなカリスマ的牧会者の臣民だった聖徒たちも次第に主権意識を形成するようになった。このように、民主化・脱権威主義化は社会と教会の神聖性を退去させたのである。

ポスト民主化の時代、人々がこれ以上民主主義の知性主義的性質を信頼しない時代が訪れる。そしてついに新自由主義的地球化時代は到来し、予測不可能な社会はいたる所でジャングルへと変貌し、誰もがジャングルを駆け回る狩猟マシンとなった。このような社会で人々が不安から抜け出すことは容易ではない。生きるためには狩人にならなければならないのだ。けれども人々は自分が振り回す刀がいつかは自身に向けられるかもしれない状況に置かれている。こうして彼らは、逃れられない体制の恐怖の中で「宗教的市民」として生まれ変わる。そして「神（々）」が再び帰還する。

▼再び帰還した神（々）の社会、けれども教会に神はいない

新自由主義的地球化時代の支配者たち（あるいは支配体制）にとって、その神は必ず資本でなければならなかった。さらに、先述したように大型教会の神も資本と同一の存在になりつつあった。この神は、不安を解消する神ではなく、不安を生み出す神だった。そして勝者には飽き足りんばかりの祝福を与える神だった。けれども不安にさいなまれる大衆は、この神を情緒的な拠り所とすることはできないでいる。

大衆に必要なのはここではなかった。人々は宗教的だが、宗教心を吸収できる信仰制度としてプロテスタントは選ばれなかった。資本親和的プロテスタントの神は、失敗に対す

る不安を抱きながら暮らさなければならない市民たちのもとに帰還できない神だったからだ。だとすれば、新自由主義的地球化時代に宗教的市民として登場した大衆はどこへ行けばいいのだろう。そして彼らのもとへと帰還した神はどんな神なのだろうか。

本書の冒頭で、この時代の大衆の宗教性を示す代表的事例としてキャンドルデモに触れた。それはある意味で大衆の宗教的儀礼の一つと見なしうる、と。また2002年、日韓ワールドカップに見られたように、サッカーのような国際的スポーツもやはり宗教的儀礼を通じて大衆の情熱を吸収する。スポーツ選手や俳優など大衆的なスターたちも大衆とともに宗教的・文化的儀礼を演出している。神の帰還、いや神々の帰還はこうして不安に陥った人々に慰めを与えている。

これらの宗教的儀礼は瞬間的だ。そしてまったく記憶に残らない。そこに省察の場がないことと関係しているだろう。集合的な感情の噴出を通じて参加者たちに情緒的カタルシスを提供するこれらの儀礼は、宗教的効果は豊かだが、人々に宗教的省察を呼び覚ますことはできない。だからこれらの儀礼は、時にとてつもない攻撃性を表出する。情熱はあふれていても省察を欠く宗教は危険である。

一方、個人的で内面的な儀礼を通じて行われる宗教的体験もある。瞑想や音楽はそのような効果を発揮する。けれどもそこでは宗教的体験があまりに個別化されている。宗教を通じた情緒的経験を互いに分かち合い省察し合う機能が欠如している。

宗教的市民たちの渇望に従って神々の帰還が多様な形態で生じている今日、必要とされているのは特に省察の宗教性、集団的経験と記憶の分かち合いの宗教性だといえるだろう。その意味において大型教会は市民的宗教にはふさわしくない。それはあまりに後ろ向きで権力志向的であり、反省察的でもあるからだ。だとすれば、僕たちはこうした宗教的社会においてどんな形の対案的宗教制度の可能性を見出すことができるだろうか。

第3部　市民K、小さな教会と出会う——韓国プロテスタントの明日

小さな教会の誕生

小さなものたちの反乱、希望の前兆

これまで述べてきたように、韓国のプロテスタント教会は最近、市民社会から集中的な糾弾を受けている。これはプロテスタント教会内部から対案的教会を指向する多様な模索を生み出したが、その背景にはこれまでの規模中心の成功主義に対する反省がある。そこでここからは、韓国のキリスト教会がこのような模索を通じて見出そうとする新たな可能性について、「小さな教会」の観点から論じてみようと思う。

▼小さな教会か、疑似大型教会か

近頃、大型教会に対する問題提起が拡散し、その対応モデルへの関心が深まっている。これに呼応して、「小さい教会」を追求すべきだという主張もまた広がっている。そんな中、２０１０年10月のある説教で趙鏞基《チョヨンギ》牧師は「小さな教会の牧会者は失敗者であるにすぎない」と語った。それから一月後、翻訳出版されたデーヴ・ブラウニング（Dave

Browning）牧師の書名は偶然にも『小さな教会が美しい』だった。

ブラウニングはChrist the King Community, International（CTK）の創立者だ。彼が考案した超教派的な教会の国際的ネットワークがCTKだ。現在七カ国一二都市にCTK教会がある。有名な福音主義キリスト教ジャーナル『アウトリーチマガジン』は、世界でもっとも革新的な教会の一つとしてCTK教会を選定した。

汝矣島《ヨイド》の純福音教会も中央聖殿と枝聖殿の概念によって20の地域教会を持っており、一見CTK教会と類似しているように見えるが、実情はまったく違う。CTKの独立的ネットワークに比べ、純福音教会の枝聖殿は中央に対して従属的だからだ。

趙鏞基とデーヴ・ブラウニング、成功的教会モデルを具現したことで世界の福音主義系教会において名声を博したこの二人は、互いに正反対の主張を繰り広げている。一人は権力集中モデルであり、もう一人は権力分散モデルだ。

けれども両者はキリスト教膨張主義の異なるヴァージョンにすぎない。ブラウニングの著書の韓国語版の書名は小さな教会礼賛論のように見えるが、彼の主張の要点は「小ささ」には無い。原著のタイトル（*Deliberate Simplicity: How the Church Dose More by Doing Less*）にあるように、その中心は「シンプルさ」にある。一種のミニマリズムだ。めまぐるしく変化する多様な社会において「最小主義」は変化に能動的に対処する効率性を極大化するという主張だ。つまり両者は成果中心的な効率性を強調する経営学的モデルとして教会論を二分するだけであって、「小ささ」に関する神学的論議には関心がない。

『小さな教会が美しい』という韓国語版の書名に見られるように、この本を訳出した韓国の出版社はこの作品を「小さな教会論」の脈絡でとらえようとしていた。その意図は不明だが、あの有名なシューマッハーの『スモール イズ ビューティフル』を連想させる題目だ。売り手は、成長至上主義に対する反省と「小さな教会論」の脈絡からこの本を解釈するであろう創意的読者の美徳を当てにテクニックを弄したのだろうか。

おそらくこの訳書の編集者は韓国プロテスタント内に最近見られる「小さな教会」への追い風を参照したに違いない。いまだに神学的論議に至っていないとはいえ、若くて積極的な教会教役者たちを中心に提起される「小さな教会論」は「まだ大きくなれない教会」ではなく「小ささ」それ自体を目指している。あまりに多様であって一つの理念や神学としてひとくくりにはできないが、彼らの小さな教会は大型教会式の成功至上主義を止揚しようという共通分母を持っている。また、人間的な関係の拡張にこそ福音の神髄があると信じる点でも、多くの小さな教会は一致した態度を示している。もちろん、今までも小規模教会は無数にあった。けれども、これらの教会は規模が小さいだけであり、礼拝の形式やメッセージの内容、将来の展望においてもひたすら大きさを追求していた。僕はこのような小規模教会を「疑似大型教会」と呼んでいる。しかし最近、このような教会とは別に「小ささ」それ自体を目的とする教会が教団教派を超えて随所に登場している。

長年成長だけに没頭してきた韓国の教会はすべての面において成長主義プログラムに縛られている。教会自体が成長のための制度であるかのごとくだ。こうして人びとは成長プログラムのない教会は真の教会ではないかのように考えるようになった。したがって、小さな教会を模索する人びとは、人びとの中に刻印された偏見を超えて創意的な教会を生み出すことから始めなければならないのだ。

けれども実際、多くの場合、順番は逆だった。彼らは成長主義プログラムを止揚しようとして小さな教会を展開したのではなく、小さいという現実それ自体を一つのチャンスととらえる過程において従来の成長主義が障害物であることを発見するようになり、その結果、成長主義に埋没しない教会を追求することになったのである。

小さな教会は随所で低所得家庭のための学童保育を運営するとか、ホームレスの生活共同体を運営するとか、あるいはアウトサイダー路線の神学を教会的に応用するなど、ミクロ単位の宣教活動を展開している。もちろんこのような宣教方式は教会の規模を育てるにはほとんど影響を及ぼさない。いや多くの場合、このような活動が教会の量的膨張を妨げることさえある。なぜなら、このような他者化された人びとを支援する働きに牧会者が力を注いだ結果、中産層の信徒たちはおろそかにされ、そればかりか隣人のための課題ばかりを担わされることとなるからだ。だからこれは決して大衆的な企画ではない。こうしてこれらの教会は岐路に立たされた。「小ささ」を追求したままこのような活動を続けるのか、あるいは、今は小さくてもいずれ大型化することを熱望するいわゆる「疑似大型教会」の道を選ぶのかという問題だ。

▼小さな教会が希望だ

　さて、こうした「小さな教会」の実践と志向を整理することで、今日の韓国教会の可能性を語ろうと思う。まずは定義から始めよう。小さな教会は地域性を持つという一般的な見解はそれほど適切ではない。これは、大型教会が地域性を持たないのに反し、小さな教会は地域教会となりうるという主張だが、韓国の教会は大型であれ中小型であれ、特に都市の場合、信徒の居住地域が分散しているという点において差異はない。どの教会であれ、信徒は一つの地域にではなく遠くに散らばって暮らしている。信徒は居住地域が多様であるだけでなくあちこち移動する可能性も高いために、特定の地域を背景とした信仰的課題を育てることは容易ではない。都市教会における信仰は、地域性を効果的に生かすことが規模とは無関係にきわめて困難なのだ。加えていえば、教会の規模の違いと会衆の社会層との間にも関連性がさほど見られない。すなわち、地域性や階層性と教会規模との間にこれといった因果関係はないということだ。

　むしろ、小さな教会と中大型教会とを分ける決定的差異は、信徒間のコミュニケーションのために「媒介装置」が必要かどうかにある。信徒どうし互いに知らない中大型教会では、年齢別（児童部、青少年部、青年部、壮年部など）、居住地域別（区域会）、性別（男子会、婦人会など）、職業別（医師の集い、教師の集い、聖歌隊など）の団体にそれぞれ代表者を配置し、こうした組織を媒介として信徒たちを教会の一員として統合している。

中大型教会の場合、専任教役者と一般信徒との垣根を越えることも難しいのが現実だ。このような中間的組織を通じた教会の統合形態は、代議制を採択する今日の市民社会や国家に比べてもはるかに権威主義的であるところに問題がある。

これまで述べてきたように、韓国教会の成長はその過程で誕生した大型教会が主導してきた。中小教会も大型教会を羨望し模倣しながら成長主義へと邁進した。そしてその中心には大型教会を牽引してきたカリスマ的指導者たちがいた。彼らは例外なく教会のあらゆる資源を独占する独裁者だった。それは韓国社会の高度成長を牽引したカリスマ的独裁者たちと同じような存在だった。国家であれ教会であれ、韓国式成長主義にはカリスマ的独裁者を中心とした総動員態勢があったのだ。韓国における成長は、国家であれ教会であれ、権威主義的制度との親和的関係の中で実現したのである。

民主化は国家権力の交代をもたらし、市民社会全般における権威主義清算の欲求をもたらした。ところが教会では、カリスマ的独裁者たちの権力は民主化以降も持続していたし、引退後も彼らは元老牧師という「職位ならぬ職位」によって君臨し、事実上の独裁システムを継続させた。こうして教会では国家や市民社会に比べていっそう権威主義的性格が強固に守られたのである。

けれども「小さな教会」はコミュニケーションのための媒介組織を必要としない。仮にそのような組織があるとしても実質的な意味はさほど大きくはない。それよりは、専任教役者と信徒、そして信徒どうしの直接的で対面的な関係が重視される。このような関係は、例えば討論によって合意を形成するようなプロセスによってではなく、むしろ互いの感情が行き交う親密な関係を通じて深められている。つまり小さな教会は一種の「感性の公共空間」の役割を果たしている。小さな教会の多くは、自分たちでワインを作るとかキムチを漬けるとか、あるいは独居老人の生活を手助けしながら交わりを深めるようなプログラムを通して感性の公共空間としての性格を強めている。その結果、かつては教会プログラムの主流であった「伝道王大会」「聖書暗記大会」のような一定の課題を定めて信徒に競争を強いるような運営方式は乗り越えられているといっていいだろう。

小さな教会では脱権威主義的組織と運営が追求されている。主任牧師や長老の任期制を導入したり、あるいは主任牧師と長老を中心とした独走態勢の枠組みを改めたり、短い任期で選出された運営委員会の合意による運営システムを選択したりする傾向にある。中には直接民主制的な方式を選ぶ場合もないわけではない。これらの方式は、中間的媒介組織や一部の権力的組織に頼らなくても運営が可能な規模の教会においてのみ意味のある方式だろう。

このような脱権威主義は礼拝や典礼においても貫かれている。例えば、説教直後にその内容について語り合うような対話的コミュニケーションを強調する説教システムの運営などがそうだ。あるいは、説教と並んで牧師だけの排他的権威に属するものと考えられてきた洗礼や聖餐式の執行権も信徒と水平的に分かち合われている（例えば、パンとぶどう酒を配る役割を信徒が担う場合のほか、聖別の祈りを信徒が行う場合もある）。祝祷も牧師だけにゆるされた排他的な権威の領域だが、小さな教会の多くは「共同祝祷」を行っている。ここでは一方的で下降的な関係が双方向的で水平的なものへと変えられている。神と信徒との関係に教会の役務者である牧師が介在し君臨するのが教会の一般的な典礼神学だが、最近の韓国の小さな教会においてはより対話的で相互性を具体化する典礼と神学が考案されている。

このような水平的な関係の枠組みは信徒たちの隣人に対する態度にも影響を及ぼしている。信仰を通じて学んだ水平的関係に対する態度が隣人との関係にも及んでいるのだ。隣人を征服の対象とみなし彼らに布教することを「霊的戦争」と表現するような攻撃的宣教は放棄され、信徒たちは暮らしと考えを分かち合う友人として隣人に向き合っている。教会が行う宣教的課題、例えば疎外された人びとのための奉仕やより良い民主主義のために活動などにおいて、「教会外の隣人」はもはや同僚なのである。

ここで何よりも重要なことは、小さな教会は単独で効果的な活動を行うだけの力がないという点だ。隣人を同僚として受け入れない限り自分たちが行うべき活動を進めることは難しい。たしかに小さな教会は隣人との水平的同僚関係を結ぶだけの「存在論的特権」、すなわち集会所などの空間を持ち合わせている(もちろんすべての教会がそのような特権に恵まれているわけではない)。一方、大型教会を夢見る「疑似大型教会」は相変わらず戦闘的であり、自ら進んで隣人と関係を結ぶべき状況においても、いまだに彼らを闘争と征服の対象と見なしている。こうした態度が宣教の危機を招く主たる要因であることに疑いの余地はない。小さな教会の多くはこのような征服主義的態度ではなく、隣人を友であり同僚として受け止め水平的関係を結ぼうとしている。まさにこの点が、今の僕たちにとって「小さな教会」が希望である根拠なのだ。

▼小さな教会の専任教役者の生計の問題

ここでもう一つじっくりと考えなければならない問題がある。こうした「小ささ」の戦略が可能になるためには、このようなやり方で専任教役者が生計を立てられるかどうかだ。膨張主義のためにすべてを投入する日常を放棄した結果、多くの教役者が手に入れたのは時間だった。また、教会の外部に対して肯定的な考えを持つようになることで、彼らの多くは兼職によって生計の不足分を補うことができるようになった。

興味深いことに、これまでの伝統的な集会中心の教会スタイルを解体し、いわばカフェ牧会とでもいうような、コーヒーを媒介として消費者と対話したり、思考や生活スタイルを分かち合ったりするようなイベント性のある「開かれた教会」も考案されている。キリスト者が教理的告白を共有することが教会ではない。むしろ福祉機構や社会運動機構などに力を注ぐ牧会者が自らの活動を形なき教会を通じた牧会だと考える場合もある。あるいは、執筆や絵画などの創作を行うとか、サイバー空間における活動で「無形の教会」とつながることも牧会活動の一つであるという主張も出てきている。とはいえ、いまだにどの教派においてもこうした新しい教会観を受容するだけの法的制度を整えているわけではない。けれども、これらの新しい発想は小さな教会の教役者が生計を立てる戦略の多様化の道を開いたのである。

最後に、すでに述べたことだが、小さな教会の教役者の生計問題は教会成長によって実現するのではなく、公的福祉制度を通して補完されるべきであると周知される必要がある。小さな教会の多くの教役者は税務署への所得申請を通して市民としての義務と権利を果たそうとしている〔韓国ではこれまで宗教家は収入を公開せず課税されない慣習があり、社会問題化している〕。こうすることで貧しい牧師たちも社会福祉の受恵対象となる権利を受けとることができる。しかし大型教会の場合、こうした透明な財政運営は長年の閉鎖的弊習が原因となり事実上不可能である。小さな教会が容易に取り組める問題は、大型教会にとっては骨身を削る財政改革によっても不可能だといわざるを得ない。この点においても、小さな教会は社会の公共性拡張に寄与する余地が大きい教会スタイルだといえるだろう。

▼1987年体制の限界を超えて

近頃広く使われるようになった言葉、「1987年体制」は、「民主化」言説がすべてを支配し、それがあらゆる制度化プロセスの中心的役割を担っていた時代を指す言葉だ。こうした用語が飛び出した背景には、「1987年体制」自体がそれ以前の「権威主義体制」と並ぶ克服の対象だという問題提起がある。すなわち、1987年体制は「民主対反民主」という二分法的枠組みで社会を読み解くことで「反民主」を克服することに寄与したとはいえ、「民主的なもの」に関する省察を不可能にしてしまった。そしてそれは権威主義体制に劣らず、特定の価値と存在に焦点を当てた「〜中心主義」に偏りすぎたあげく、日常において分散的に生じている無数の民主化の試みを阻んでおり、権威主義時代に劣らぬ強固な境界線が再構築されることで、排除と包摂の体制論理が再生産されているという指摘だ。

このような1987体制に対する批判は韓国のキリスト教に対しても有効だ。先述のように、民主化以降にも韓国教会は相変わらず権威主義が強く維持されていたからだ。社会と教会の民主化を追求していた進歩的なキリスト教社会運動グループも1987年体制の言説的限界から抜け出せず、1980年代の民主化プロセスで登場し社会と教会に向けて活発な批判の声をあげていたいわば福音主義系の民主化グループもまたカリスマ的指導者の権威主義を克服できずにいた。

何よりも、伝統的な進歩的キリスト教社会運動グループや福音主義系の民主化運動グループすべてが1987年型社会運動の枠組みから抜け出せないこと自体、その限界を如実に表している。こうして両陣営において世代論が重要な批判言説として登場するようになったのである。

まさにこれら両陣営において、しかしまったく異なるところから新しい教会が台頭している。僕が「小さな教会」と呼ぶものだ。それらは特定の教団に属する教会としても、あるいは教団に属さない独立教会としても、いたるところに、しかも多様な仕方でその姿を現している。彼らの間ではネットワークも形成されておらず、理念的関連性もなく、信仰的強調点も共有されてはいない。それでも興味深いことに、これら「小さな教会」が過去に比べてはるかに多様かつ活発に、しかも随所に登場して新たな試みを創意的に行っている。彼らは大きさを求めず、意図の有無に関わらず公共性と強く結びついた信仰を生み出している。僕はここに韓国教会の希望の一端を見る。小さなものたちの反乱、小さな教会の誕生がまさにそれだ。

再び民衆の中に神と出会う

他者性の神学と信仰運動

最後に扱う内容は「他者性と信仰」に関する問題だ。僕たちは何を見慣れぬものとし、そうすることでいかなる信仰的効果が生じるのかという物語だ。これは韓国キリスト教がこのまま危機に埋没するのか、それとも相変わらず意味のある信仰の場として生き残ることができるのか、その糸口に関する物語でもある。問題は「他者とは誰か」についての解釈にある。ここではこの問いをたどりながら韓国キリスト教の可能性について語ってみたい。

▼排除された者たちとともにある神

２０１１年ソウル市長選挙を前に、世界最大のメソジスト教会を担任する金弘燾《キムホンド》牧師は市民候補朴元淳《パクウォンスン》を指して「サタン悪魔に属する人間がソウル市長になったらどうするのか」と暴言を発した。彼が朴元淳氏を親北主義者とみなして語った言葉だった。またキリスト教政党の中心人物であった全光薫《チョンガンフン》牧師はまたもや、「わたしの前でパンツをおろせるのがわたしの信者だ」と悪質なセクハラ発言を行った。そうかと思えば「給食無償化に関する住民投票」直前、オンヌリ教会が発信した携帯メールには「無償給食全面実施を住民投票で食い止められなければ……小中高生の同性愛者が急増」するという驚くべきメッセージが記されていた。そして海外宣教を夢見る熱烈な信徒たちにとっての代表的ロールモデルでもあるインターコムの代表チェ・パウロ氏はあるインタビューで、「イスラムと韓国の左派が手を結んでいる」と奇怪な発言を行っている。これは、ムスリムの移住労働者たちが韓国社会でイスラム教を広げるために暗躍していると考える教会指導者たちの考えと通底する発言だ。彼らはイスラム教を猛毒の細菌か何かのように考えているのだ。

韓国のプロテスタント教会指導者たちの見慣れぬ他者に対する排他主義的発言の中から思い出したものをいくつかを紹介した。その気で探せば、２０００年代以降だけで本一冊分になるに違いない。彼らは韓国社会においてプロテスタント・キリスト教を存在感のある宗教として位置づけようと、常に特定の対象を見つけては敵対視する。そして自説を説得力あるものにするために敵対視する対象がいかに危険な存在かを強調する。

ところで、こうした発言に耳を傾ける人間はさほど多くない。彼らの教会の信徒の中にさえ、こうした発言をまともに聞く人びとは多くない。市民社会はいうまでもない。むしろ彼らは教会を批判するためにこのような驚くべき発言を収集しているといっても過言ではない。マスコミはあたかも「公共の敵」を人びとに知らせるかのごとく彼らの放言と奇

神学と信仰の現場化と大衆化を目指す「第三時代キリスト教研究所」の月例フォーラムの様子。この時は「アジアの貧困と韓国教会の課題」が主題。

怪な行状を報道している。プロテスタント勢力が社会的に強大な資源を掌握する既得権集団であるだけに、その暴力的発言と行状は批判者にいっそう大きな快感を与えるのだ。プロテスタント指導者たちのこうした排他主義的振る舞いは、彼らの意図に反して教会を市民社会の中ですっかり孤立させたのである。

けれどもここで見逃してはならないのは、韓国プロテスタントの主流の外にいる多くの教会は、主流教会が敵対視し排除してきた人びとともに生きる長い伝統を持っているということだ。障がい者とともに生きる信仰共同体であり生活共同体でもある教会、同性愛者の教会、移住労働者の教会、脱北者の教会、野宿者の教会、米軍基地の女性たちと連帯する教会、貧しい人びとと連帯する教会、独居老人とともに生きる教会などなど、さらには、あえて教会を標榜してはいないがそれら他者化された人びとともに生きようとする信仰共同体も多い。このように、韓国社会における「不都合な他者たち」とともに生き、思いと信仰を分かち合うキリスト者の集まりが社会の隅々にまで広がっている。

いかなる宗教、宗派、社会集団においてもこうした他者性を積極的に内在化するケースは多くない。しかしこれが韓国プロテスタントの隠れた伝統だ。こうした共同体の大多数は主流教会による白眼視と神学的無関心の渦中を粘り強く生き延びてきたのだ。

先に見たように、1954年龍門山《ヨンムンサン》祈祷院を創設した羅雲夢《ナウンモン》は、すべてがどん底に落ちた朝鮮戦争後の韓国社会において最底辺に転落した人びとの身体と魂とを癒す集会を開いた。特記すべきことは、そこに集っていたのはキリスト教徒だけではなかったということだ。羅雲夢はそこでキリスト教の神、天地神明の神、仏、祖先などの表象を寄せ集め、つまり一人一人の心の中にある神なるものの名によって治癒の奇跡を引き起こした。けれども主流教会に編入不可能なこうした伝統は失われ、その結果、解釈の専門家たちによって言語化される機会が失われた。そして、羅雲夢の後継者たちまでもが排他的プロテスタントの信仰伝統の中に吸い込まれてしまう結果を招いたのである。こうして羅雲夢の活動は、主流プロテスタント教会の信仰的規律の網の中で過去のかすかな痕跡さえも残さない「忘却の歴史」、すなわち歴史から排除された出来事の一つとなってしまったのだ。だからこそ僕は、羅雲夢の祈祷院運動を当時の韓国社会から転落した底辺の人びとの生活運動を代表する一つの事例として示したのだった。これは、排他的なプロテスタントの伝統的信仰運動の中からも「他者化の信仰」を見出しうることを意味している。

▼再び民衆の目で聖書を読む

事実、キリスト教において「他者性」は信仰と神学の中心概念だった。もちろんこれは「神の他者性」だ。けれども「神の他者性」は、二十世紀神学の帝王たるカール・バルトが主張した神の「絶対他者性」によって解釈する場合においても、歴史の言語に翻訳しなければならないはずだ。バルトは、神はいかなる表象によっても歴史化し得ず、ひたすら神自身の啓示を通してのみ自らを現すと主張した。けれどもそれが啓示である限り、啓示の受容者である人間の歴史の中で解読可能なものとして翻訳されなければならない。周知の通り、翻訳の主体は言語の支配者たちだ。結局、言語の統制能力を持つ指導者たちが啓示を独占してきた。いかなる用語を使おうとも、いかなる方式でその過程を叙述しようとも、神の他者性は人間による解釈の範疇を超えて意味を持つことはない。そうであれば、神の他者性はいったいどのように解釈されなければならないのだろう

神学は、聖書がそのような解釈の一つの典拠であるという公理（Axiom）を持っている。公理とは、証明することはできないがそうだと仮定することによって思惟を成り立たせる論理の準拠点だ。ところで民衆神学はその他者性を民衆に見出している。つまり民衆神学は聖書を「民衆の目」で見るのだという。

二十余年前、金ジチョル長老会神学大学教授（現ソマン教会主任牧師）は、「民衆の目で聖書を読む」という民衆神学者たちの主張は民衆の偶像化に他ならないと批判し、聖書はキリストの目で読まなければならないと主張した。ところでそもそも「キリストの目」とは何だろうか。形式論理的にはその言葉にはいかなる意味もない。なぜなら教会の神学においてキリストはあまりに神聖化されており、人間にとっては絶対他者の範疇に含まれており、解釈しない限りまるで現れようのないものだからだ。実際、キリストを神学の言語で表そうとした神学者たちはそれぞれ異なるキリストを語ることになったのである。

もちろん形式論理を超えた実際問題としては、比較的明瞭なキリストが存在する。教会

が、いや支配的な教会が解釈するキリストだ。ゆえに金ジチョルが語った「キリストの目」とは、教会主義的観点に他ならない。教会主義の枠組みによって「キリストの目」が規定され、つまりは教会権力の観点が神の啓示を代表するということなのである。そうであれば、金ジチョルが語る「キリストの目」は教会の権力を担った「彼の観点」であり、それによって他の解釈を偶像主義と断じたということになる。もちろんこれは反則である。あらゆる対話を遮断し自分たちの言葉だけを聞かせようとする独裁者の言いぶりだ。

もちろん、金ジチョルによる反論の独裁者のような語法の部分を無視し、彼の主張そのものを考慮するなら、この論争は聖書解釈に対する二つの異なる解釈学的論点の対立であることがわかる。それは教会的視点と民衆的視点の対立だ。

これは「キリスト者らしさ」とは何かに関する論議を引き起こすだろう。つまりキリスト者は教会的に信仰と世界を理解する人間なのか、さもなくば、民衆的視線でそれらを理解する人間なのかという問題だ。キリスト者が一般的に教会の信徒を指す言葉として用いられている点を考慮すれば、前者は自己中心的解釈であり後者は他者性を解釈の中心に据える観点といえる。民衆神学は教会の排他主義的態度に対し見慣れぬ他者、悲惨さの渦中にある他者を隣人として、いや自分たちが慕う神のしるしとして受け止めなければならないと主張したのだった。神は人間となり（神の他者化）、そして神はこの世でもっとも悲惨な人間の一人として、最も悲惨な生涯を送り、世を去ったのだ。そのような意味で民衆神学は悲惨さの渦中にある他者である民衆を通じて神の意志を知る必要があると主張したのだった。

僕は先に、韓国の主流教会が自分たちの主張を繰り広げるたびに敵を作り出す語り口について書いた。このとき「敵」は不都合な他者たちだった。このような不都合な他者たちは時には共産主義者であり、時には資本主義的世界で失敗した人びとであった。これは「見慣れぬ他者としての神」を自分たちに最も慣れ親しんだ領土である教会の観点から解釈した結果だ。その領土の外に彼らを排除し、その領土に決して入ってはならない存在を仮想する語法、それがまさに教会主義の論理だ。一方、見慣れぬ他者たちとともに信仰の問題に取り組んでいる人びとはその他者の目で信仰を省察している。そのような点で彼らこそ真の民衆神学的信仰運動の主役だといえるだろう。

グローバル時代を迎え、世界は極端に二極化している。中間層が没落し両極に分化している。さらに二極化した下位において、存在の座から根こぎにされる人びとが量産されている。家庭を離脱した野宿者や家出した青少年のような人びとだ。あるいは祖国を離れ世界のいたる所に仕事を求めて移動しグローバルな都市社会の下層民として編入される人びとだ。職場を追われた彼らは時間が経つにつれ労働力を喪失し、不安定な仕事に就いている。

ところでこのような人びとは自分たちの苦痛を表現する言語を徐々に失っている。吃音、支離滅裂な言葉、突如発する奇声などなど。そして彼らの不適切な言語は暴力的行動として現れることもある。誰かの悪口をいい、家族に手をあげ、自分よりも弱い人間を閉め出そうとする。そしてある人びとは犯罪に手を染め、アルコール中毒者となり、不健康な依存症を持つ身へと転落する。身体と魂が自分自身にとってすら剥奪された存在となる根こぎにされた状態、そんな状態の人びとが量産されている。

そのような人びとは過去に比べてよりいっそう不都合な存在として僕たちの周囲に暮らしている。一緒にいることは容易ではない。対話も成り立たず理解することも難しい。体から立ち上る悪臭が嫌悪感をいっそう大きくする。だから人びとは彼らと向き合いたくはない。地球化の時代を迎え、他者化はますます深まっている。

しかし他者性の信仰に関する問題に取り組む教会、信仰共同体は、いつでもそこにいた。そしてこの時代、彼らの存在はいっそう重要さを増している。そして他者性の神学を語る人びとの意義はいつの時代よりも格別なものとなったのである。

▼こうして到来した神々の社会

前世紀の初めから今に至るまで、韓国社会は植民地、解放、戦争、開発独裁、民主化、地球化など息つく間もない時代の激しい変化を経験してきた。その中で人びとは神を求め、キリスト教はまさにそうした人びとに神に関する物語を語った。その神は、苦痛に苦しむ人びとにそれなりの脱出口を提供した。けれどもまたその神は、脱出口を探し求める人びとに誰かを攻撃せよとせき立てた。近代韓国社会においてキリスト教を中心とする神の社会はこのようして暴力的に自らの座を占めてきたのである。そして意外なことに、こうした暴力的な神の信徒たちが成功を手に入れたのである。

しかし今やその信仰が危機に瀕している。今この時代の人びとも切実に神を求めているのだが、キリスト教は彼らに適合する神の物語を語ることができないでいる。いやかえって、その神は時代錯誤もはなはだしく、堅苦しく気難しい神として登場するばかりだ。こうして人びとは他の神を求めに行く。唯一排他性を主張する神の社会は過ぎ去り、「神々」の社会が到来した。ところで神々の社会に登場した「さまざまな神」ははたしてふさわしい神なのだろうか。それはいまだに検証されず、今後それらがどう展開されるのか予測もつかない。ただ、宗教的言動が宗教領域の内外に行き来しながら突如噴出したりするのである。

そのような中、キリスト教内部にはかすかな可能性が見えている。僕は「小ささ」を追求する信仰運動にその一つを見出し、また他者性を信仰の課題とする粘り強い努力の中にもう一つの可能性を見出した。これらは排他的な神の神学ではなく、隣人であり同僚でもある神々をもつ神聖社会論（P・バーガー）に立つ神学と一丸となった信仰運動である。

キリスト教右派と新貴族主義

▼韓国キリスト教右派、その内部があやしい

2011年、所望《ソマン》教会で牧師間の暴力事件が起った。副牧師が主任牧師に暴行を加えたのだ。ことの善し悪しを別にして、教会で補助教役者が主任教役者に暴力をふるうことはキリスト教界の一般常識に照らして起こり得ない。教会の多くの不祥事の中でもこんな事件はまずなかった。主任教役者と補助教役者の権威は天と地の関係といえるほど大きく開いている。もし主任教役者に深刻な問題があっても彼に暴力をふるった補助教役者の経歴には致命的な傷が残る。そんな人間を採用する教会はないだろう。要するに、加害者である補助教役者は一種の自殺行為をしたことになる。それでも事件は起こった。

教会の事情に精通した人々に問い合わせてみたが、事件の真相は徹底的に封印されている。さらにMBCの「PD手帳」〔社会問題を追求する人気番組で教会スキャンダルも扱ってきた〕がこの事件を取材する中で担当プロデューサーが他部署に飛ばされたというのだから、これは単に有力教会が自らの恥部を隠そうとする次元を越え、あたかも政権がらみの事件であるかのような印象すら与えている。とにかく、今もって証拠も証人も見つけることが

できないし、あるのはうわさだけだ。葛藤の当事者である二人の牧師をそれぞれよく知る人々は、「絶対にそんな人ではないのに……」と言って首をかしげている。

絶対に暴力などふるわないであろう人々が冷静さを失ったということなら、この事件は正常な判断力が麻痺して激昂した人々による偶発的出来事だといえるだろう。ところで、視線を二人の私的な怒りの問題から離し、構造的な次元へと移すならば意外な論点を解釈する糸口がつかめるかもしれない。

世間に知られているように、現主任牧師と前主任牧師〔元老牧師〔名誉牧師、引退後も教会に出席して影響力を発揮することが多い〕〕との間の葛藤からこの事件が始まったのは明らかなようだ。韓国教会で前・現職牧師間の葛藤が問題を生むことはめずらしくない。なおかつ、前主任牧師が元老牧師の場合はなおさらだ。ところで、よくあるはずの事件が所望教会で起きた時、もはや平凡なできごとではすまなくなってしまった。なぜならそこには韓国キリスト教右派の形成と分化、そして内的葛藤をめぐる問題の諸相が深く関係しているからだ。ここでは、「所望教会暴力事件」を糸口に、最近韓国キリスト教右派内部で生じた変化に焦点をあててみよう。

▼大成長、そしてメガチャーチの誕生

先にも触れた韓国教会の爆発的成長についておさらいしてみよう。１９６５年から１９９０年の間、韓国プロテスタントの信徒増加率は5年単位で20〜40パーセントであり、

特に66〜70年の間に限ってみれば250パーセント以上という驚くべき記録を示している。このような量的膨脹は大都市、特にソウルにおけるものだが、政府主導の産業化過程で発生した離農民たちを大大的に吸収し、軍隊宣教特恵、そしてビリー・グラハム伝道集会に代表される大規模宣教大会などによって多くの改宗者が教会に流入する前代未聞の大成長が実現した。

ここで注目すべきことは、世界に例を見ないこうした急成長過程で韓国版メガチャーチが誕生し、この現象を主導したという点だ。メガチャーチは1970年代以後アメリカで起きた新しいリバイバル現象を解き明かす中で生まれた概念である。消費資本主義的テクノロジーを積極的に活用して「信仰の市場化」を極大化させることで短期間に急成長した教会であり、毎主日の礼拝出席者が2000人以上の教会を指す用語だ。このような成功を導き出す決定的な主役は主任牧師のカリスマ的リーダーシップにある。彼らの個性溢れる牧会方式が宗教制度に対する信徒たちの忠誠心を生み出すことで、教会が追い求める宣教戦略を効果的に進める熱烈な活動家を量産することが可能となった。ところで、アメリカのメガチャーチに関する論議で見逃せないもう一つの事実は、教勢の成長は教会全般の現象ではなくごく一部の急成長した教会、すなわちメガチャーチと称される教会に偏った現象だったという点だ。つまりメガチャーチの登場は深刻な教会間格差現象と表裏一体なのである。

韓国の大リバイバル期、教勢の増加があることはあったが、それはいくつかの大型教会が成長を主導したに過ぎない。この時期にいくつもの小さな教会が設立されたが、財政的に自立できない「未自立教会」が全体の70~80パーセントにのぼっている。そしてほとんどの教会が「小さな教会」という自分たちの現実を直視できず、いつかは大型教会になるというむなしい夢を追い続けた。彼らの多くは大型教会を羨望し、その信仰の内容と形式を単純に模倣しようとした。こうして韓国のほぼすべての教会は規模の大小に関わらず「大型教会」になったと言っても過言ではない。一方、本当の大型教会は驚くべき量的成長を成し遂げ、プロテスタント信徒の総量増加に貢献したのだった。

少なくともこの時期の大型教会は、人々がいまだ消費資本主義的テクノロジーを体験できずにいた時代であったにもかかわらず、技術万能主義を信仰化し、ひいては信仰を市場化することで爆発的な量的成功を実現した。そのような意味で、この時期に登場した韓国の大型教会はアメリカのメガチャーチによく似ている。それは、高速成長と主任牧師のカリスマ的リーダーシップという二つの側面において、メガチャーチとしての特性そのものを備えていたのである。

韓国版メガチャーチが熱狂的に追い求めた価値は「成功」だ。趙鏞基《チョヨンギ》の「三拍子救済論」はまさにそうした成功至上主義の決定版だ。朝鮮戦争後の荒廃の中で人々を襲ったのは体と魂の苦痛であり、羅雲夢《ナウンモン》の祈祷院がその受け皿となったことはすでに述べた通りだ。趙鏞基はそれを受け継ぐ復興師(リヴァイアリスト)として登場する。しかし彼が直面したのは戦争による傷ではなく軍事政権によって推進された産業化による苦痛と関係している。国家にとって離農民たちは経済成長のための道具であり生けにえでしかなかった。彼らは消耗品のように疲弊し、疾病に苦しみ、産業災害、栄養失調、防疫の不備による疾病、社会にはびこる暴力などで傷ついていた。彼らは過酷な労働と殺伐としたバラック生活によって身と魂を病んだ。復興師趙鏞基の礼拝は彼らの身と魂とを縛りつける悪霊の鎖を断ち切る悪魔払いだった。趙鏞基と彼の妻の母である崔子実《チェジャシル》が導く復興集会では病の癒しの奇蹟が起きた。羅雲夢がそうだったように、趙鏞基も病の癒しこそが神がわれわれとともにおられることの決定的なしるしであると主張した。こうして誕生した韓国型メガチャーチは、ビリー・グラハム式の礼拝文化を取り入れることでさらに中間層をも招き入れることに成功した。人々はそこで「神の民」ではなく憧れのアメリカ市民へと招かれているかのように感じたに違いない。アメリカのような富裕国になりたい、その国の一員になりたいという夢、それを実現するのが改宗であるかのようにリバイバル集会はデザインされ、事実多くの中産層が教会に集まったのである。

　韓国版メガチャーチ誕生の来歴に関してもう一つ話すべきことがある。それはいわゆる「江南《カンナム》教会」の誕生だ。１９６６年から政府主導で始まった江南「ソウル市を南北に分ける漢江《ハンガン》の南側」圏開発事業はおびただしい投機を促し、この地域の人口増加をもたらした。特に１９６９年、「第三漢江橋、漢南《ハンナム》大橋」が開通し、翌年「京釜高速道路」が開通、１９７２年には永東《ヨンドン》新市街地（現在の瑞草《ソッチョ》区、江南区）が造成され、この地域の人口は１９７３年に５万人、１９７８年には21万人と膨れ上がった。さらに驚くべきことは地価の上昇だ。鴨鴎亭《アックジョン》洞地域は1968年から1979年の間に875倍、新沙《シンサ》洞は1000倍の上昇を示した。つまりこの地域への移住者たちの財産は急速に増殖し、他地域との格差は著しく拡大した。

まさにこの永東地区の一等地鴨鴎亭、新沙洞地域に1978年光臨《クァンリム》教会〔金弘燾《キムホンド》の弟金宣燾《ソンド》が牧師を務めるメソジスト教会〕が移住し、その前年「所望《ソマン》教会」が創立されたのだった。この二つの教会は代表的な江南教会で、この地域に移住してきた中産層を大挙吸収することで急速にメガチャーチの隊列に加わった。特にこれら江南教会の信徒はほぼ全員が中上流階層に属しており、学歴も高く専門職につく人々が多かった。教会を満たしていたのは成功に対する自意識の高い人々だった。すなわち、「江南教会」の信仰は成功主義と特権主義の結合の様相を呈していた。

▼成功主義と独裁者の霊性

これら新しい類型の韓国版メガチャーチに共通するのは成功への夢と信仰との一体化だ。成功は神の祝福であり、そのために生活のすべてを投資することはキリスト者にとって当然の課題だった。この時、信徒個人の成功は教会の成功と同程度かそれ以下でなければならなかった。「成功のための総動員体制」という生の態度は当時国家が国民に注入しようとした心性そのものだった。もちろんここでも国家の成功が国民の成功に先行する。教会と国家はこうした成功の思想において互いを補っていた。

純福音教会の「新しい心《セマウム》運動」がまさにそれだ。これは古いものを清算し成功に邁進するために心を入れ替えるという信仰運動だ。数日後、それは国家次元のバージョンに翻案された「新しい村《セマウル》運動」として出現した。こうして成功のための総動員体制は国民と信徒、二つの主体が共有する自意識の核心となった。ここにアメリカから輸入された繁栄神学の導入が効果を与え信仰の中産層化が進められた点はすでに述べた通りである。もちろんこれは趙鏞基と韓国型リヴァイバリストだけの現象ではない。趙鏞基式復興運動よりもさらに中産層的信仰現象において総動員体制の実体は明らかだった。当時韓国人の大多数は実際の社会的現実とは無関係に自らを中産層と認識した。こうした「思考の中産層化」は教会における信仰の中産層化とかみ合った現象だ。自分の現状を肯定的に評価し楽観的に目標に向かって邁進する積極的思考によって、自分の成功と表裏一体である教会の成功に熱情を燃やす。こうした信徒の熱情を動員することで教会は高速成長を遂げることができたのだ。

けれども、教会の成功のために信徒の総動員をリードしたのはなによりも牧師のカリスマ的能力だった。韓国版メガチャーチにおける牧師のリーダーシップに関する研究によれば、カリスマあふれる牧師と教会の成長は不可分の連関性がある。また例外無く彼らは一つの教会だけで牧師人生を過ごしている。それはおおよそ１９６０〜１９７０年代から始まって２０００年代までの30〜40年間に一教会だけを牧会したことを意味しており、たいていの場合、引退後も元老牧師として圧倒的な影響力を維持している。カリスマ的リーダーシップを長期間維持することと、教会がメガチャーチとして大型化されることとは緊密な関係があるのだ。

牧師のカリスマ的リーダーシップは長期間同じ効力を発揮することはできない。そこには他の要素が必要となる。彼らはあらゆる権力資源を独占しており、議決過程を経ずして教会の資源を活用する独裁的権力行使は日常化され、それが制度化されてもいる。このような権力独占が長期化されれば、教会運用システムは彼を中心に動くしかなくなるが、何よりも秘密の人的ネットワークと財政の圧倒的な独占能力が彼の権力の核心となる。彼が任命した長老の一部が「側近集団」を形成するのが普通であり、彼らによって財政は極度に不透明に運営される。

そのような状態で牧師が引退しても、教会は権力の入れ替えに困難を経験せざるを得ない。相変らず権力資源は彼を中心に動く強い慣性を維持するからだ。こうして長年牧会した主任牧師が引退すると教会は困った状況に陥ることになる。さらに、世襲という悪習が横行し、引退しても元老牧師という名目で相変らず権力を握り、教会を意のままに翻弄する事態も生じている。お分かりのように、カリスマ的リーダーが長期間権力を独占しそれが成功主義と結びつく現象は、当時の軍部権威主義体制の政治様式と似たり寄ったりだ。世俗権力と教会権力はお互いによく似た姿で時代の支配体制を構築した。韓国社会の右派はこうして形成されたのである。反民主的で権力独占的、成功に対する過度な執着に没頭する集団的心性が、当時右派勢力が共有する内的論理だった。

▼ところで所望教会は

　ところで興味深いのは所望教会だ。この教会は１９７７年の創立以来、積極的に成長中心の教会を追求しメガチャーチの隊列に加わりながらも、いくつかの点で普通の韓国版メガチャーチとは異なるこの教会だけの独特の様式を維持している。ここの礼拝にはけたたましい「アーメン」の大合唱はなく、教会創立以来その厳粛な雰囲気は保たれている。牧師の説教は大型教会随一と言われるほど知的であり、感情的ではない。ここには節制の美学がある。多くの教会は実際よりも大きく豪華に見える写真や絵を多用して自己主張するが、所望教会はむしろ節制の美学を誇示している。

　結婚式が教会経営にとって重要であることに疑いの余地がない。１９６７年、純福音教会が創刊した月刊誌『信仰界』には、代祷を求める読者からの手紙を紹介するコーナーがあった。そしてその大半は結婚に関する内容だった。今日、大型教会の青年部と大学生部は重要な結婚市場の一つとして機能し、教会はパートナーを求める青年たちの欲求を信仰と結びつける各種プログラムを考案して運営する。また親世代の人々は子どもの結婚相手探しをかねて青年部と大学生に目を注ぎ、青年たちも彼らの目を意識しながら自分たちを律している。結婚式はどの教会でも重要だし派手なイベント的企画も加味されている。けれども、「特級結婚市場」とささやかれて久しい所望教会が、結婚式に注力しないことはすでに述べた通りだ。

あるいは、大型教会のホームページには必ずある代祷コーナーを見れば、匿名とはいえ驚くような個人的で内密であるはずのテーマが登場する。韓国プロテスタント信者たちは幾多のプログラムを通じ、自分自身を開くようにと絶えず要求され続ける。だから自己開示には慣れているのだ。神の前に自分をさらけ出すように信者は牧師の前に自分をさらけ出し、教会は信仰的指導者に自分をさらけ出すことこそ正しい姿勢だと諭す言葉に溢れている。反対に、相手に対する理解は下位の者に向けて作用する。信仰の成熟や霊的段階が階層化され、上位者は信仰的下位者の内面を理解し、その中にある問題を見出すこと。これが上位者たる者の必須課題なのである。

一方、所望教会ホームページの掲示板を見れば、抽象的で曖昧な表現に満ちている。この教会に20年以上通う二人の信徒に対するインタビューで、僕はこれとよく似た信仰の姿を感じることができた。一人は自分の身の上を言わなくてもいい雰囲気が好きでこの教会に通っていると言ったし、他の一人は偶然職場の同僚に所望教会のメンバーを見つけたが、教会について相手に話すことはなかったと言った。この二人もそうだが、所望教会の信徒は概して教会への帰属意識が強く、それは自分の教会に対する自負心に基づいている。それでも同じ教会の信徒であることを互いに知らせようとはしない。自分を公開したくなかったからなのだという。

所望教会は時間に厳格だ。主日礼拝は午前11時30分に始まり12時40分に終わる。誤差はほとんどない。教会創立以来一貫して守られてきたという。これは礼拝後のプログラムを最小化するとともに、教会が家族の出会いを取り持つ場所として機能するための条件でもあるからだ。ほとんどの教会は主日礼拝後、何らかのプログラムで満たされているし平日もプログラムでいっぱいだ。だから信徒たちは年齢や居住地域、職業や関心別にバラバラに過ごすものと決まっている。教会熱心な信徒家族の場合、一家で教会に行き、別々に活動し、夜おそくようやく自宅で顔を合わせることになる。疲れてたどり着いて家はただ眠るだけの空間だ。こうして教会が「主にあって結ばれた新しい家族」という共同体主義的理念の制度的フレームとなる。一方所望教会は礼拝後、普段は別々に暮らしている家族がともに過ごすことを可能とする。礼拝を含み、最小化されたプログラムとそれぞれの時間の管理が厳格に行われているからである。

このように所望教会は感情や欲望の節制、倹約を奨励する。また共同体の構成員に対し、互いの内面をのぞき見たり自己開示を誇るのではなく、各自の余白を尊重する雰囲気を強調する。要するに共同体主義的ではなく個人主義的だ。このような個人主義は家族主義と隣り合わせでもある。巨視的には信仰の基調が反共・親米的、成功至上主義、保守主義、権威主義であるという点で通常の韓国版メガチャーチと変わるところはないが、微視的な次元においてこの教会の雰囲気は独特だ。青年から長年層までこの教会の信仰スタイルによく馴染んだ何人かにインタビューしたが、彼らは異口同音、教会に対する自分の満足感の一番目の要素を「安定感」と表現した。僕は「安定感」という表現と、先に解釈した「節制、倹約、個人主義、家族的特性」とを結ぶことでこの教会独自の信仰に対する社

2011 年 9 月 2 日、保守政党「キリスト自由民主党」の創立準備記者会見の様子。

会的意味を読み解くことができると思っている。

▼新貴族主義と所望教会

所望教会がある鴨鴎亭洞地域は、1990年代以後の韓国的モダン体験が集約された空間の一つだ。いわゆる消費社会的モダニティーが地域的に特性化された空間が鴨鴎亭洞だ。

鴨鴎亭の風景は地下鉄プラットホーム階段から地上まで続く階段壁面にびっしりと並ぶ広告のパノラマで始まる。果てしない再建築、リモデリングなどで、通りも建物も看板も、10年、いや1年ですべて入れ替わる空間は、そこを通る人々の肉体までリモデリングする。やかましい在来市場のような雰囲気を止揚した上品でこぎれいな感じの鴨鴎亭界隈も、夜ともなれば新たな通りに変貌する。居並ぶバーの幻想的ネオンサインは、昼間のこぎれいさを退廃的ファンタジーの空間へと転換させる。昼の空間と夜の空間はまるで回転式舞台装置のセットのように変貌し、人々があたりを埋め尽くし、徘徊する。

アンティークでありながらモダン、静寂ながらも動的、昼夜の時間的連続性を絶えず否定する空間、これが鴨鴎亭の姿だ。けれども、その真ん中に位置する所望教会は変化を否定するような時間の連続性と不変性をことさらに強調する信仰スタイルを発展させた。これは他の大型教会がど派手さを誇り、各種電子楽器やダンスまでも動員して互いを縛り合うような動的な礼拝文化を志向しながら絶えざる変化を競い合う姿と対照的だ。所望教会は変化志向性よりは伝統と安定感に基盤を置いたシステムを追い求めたということだろうか。

それなら、このような所望教会を消費する人々はだれだろう。「圧縮的近代化」を経た韓国社会は「1997年以後」さらなる速さの時間を生きている。このような速度超過社会を走り抜ける人々、特に社会人の中には二つの生活を追求する人々がいる。一方では速度超過社会に誰よりも順応しながらも、他方では速さよりは遅さ、量より質、成果よりは成熟を強調しようとする。すなわち、前線では誰よりも速く狂ったように闘いながら、後方ではいわゆる中上流階級的、「ウェルビーイング」的ライフスタイルを好む。そしてウェルビーイングの空間である後方は、個人的趣向と家族的余暇が主要な舞台となっている。

最近、中上流層的消費パターンの一つとして浮び上がっている、いわゆる「ボボス(Bobos)型消費」はそうした兆しを見せている。ボボス(Bobos)とは「ブルジョア・ボヘミアンズ」の略語で、二十世紀末、それまで消費社会を疾走したアメリカにおける支配的文化の浅薄さを止揚した、「ウェルビーイング」的価値を追い求める新貴族主義的ライフスタイルを指している。このようなボボス型人間は、豊かさを誇示するよりも倹約し実用的であること、騒がしい集団主義的行動よりも個人主義的な静かさを追い求めている。彼らは公的な暮らしに成功しながらも「ワーカホリック」的生活よりは家族主義的な暮らし、日々の暮らしの余裕を享受したい人々だ。韓国社会の消費パターンを研究したある論文は、韓国の中上流層においてこのようなボボス型消費性向がたしかに見られると指摘する。

興味深い事実をこのようなライフスタイルの台頭と組み合わせることによって、意味深長な変化、少なくともその一部を読み解くことができる。李明博《イミョンバク》（ＭＢ）政府の登場過程において選挙の重要なスローガンの一つが「先進化」だった。つまり韓国政治の旧態を保守主義内部で改革するというい わゆる「ニューライト言説」だ。それが政府内でどれほどの説得力を持ったか疑わしいが、考えるべき点はそうしたスローガンが大統領選挙当時の市民社会に受け入れられたという点だ。それは政治のウェルビーイング化を熱望する市民社会的願いが少なくなかったことを意味している。

韓国社会におけるウェルビーイング論は主に食生活への関心を中心に発展したが、より包括的な生活習慣と私的・公的関係様式においても多様に翻訳、使用される文化的記号として拡散している。なによりも重要なことは、こうしたウェルビーイング的文化趣向が普遍的な合意を得ているようではあっても実際には階層的性格を持っているという点だ。すなわちウェルビーイングとは「中産層のジェントルマン化」現象と言い換えてもいいだろう。つまり、政治のウェルビーイング化としての先進化論の背景には最近幅広く拡散する中産層のジェントルマン化現象としてのウェルビーイング文化があるのだ。

政治言説としての先進化論はＭＢ政府自身によって企画された。それはＭＢ政府の政治が「失われた10年」と言われるように、ポスト民主化ではなく退行的な復讐の政治に重点を置いたせいだろう。しかし保守主義的市民社会内部において、政治の先進化論のような文化の先進化を好む中上流層の幅広いライフスタイルが拡散していた点に注目しなければならない。

僕はそういうライフスタイルが消費パターンを越えて公共的領域まで拡散している兆しを、大型教会現象によって捉えようとしたのだが、その中で所望教会は「後発大型教会」の特徴を明らかに示す事例だといえるだろう。先に要約したように、「節制、倹約、個人主義的、家族的特性」はボボス的ライフスタイルのパターンとたしかに符合する。そして所望教会信徒たちがその教会を好む最大の理由が「安定感」だということは、中産層的ウェルビーイング指向の社会的合意といえる。圧縮的成長時代の主役が高速成功に狂喜したあと、意味ある暮らしを享受したい先進化時代の第二、第三世代の中上流層は、挑戦よりは安定、成功よりは成熟を追い求めた。所望教会が追求した信仰スタイルは、意図されたものではないにせよ、そうした中上流層的ウェルビーイング指向の信仰化の一つとして解釈することができるし、これを好む多くの人によって新しい信仰スタイルとして消費されたのである。

もちろんこのような現象は所望教会だけに現われているのではない。形は違うが多くの教会、特にいくつかのメガチャーチが試みている内容を見ても、また最近キリスト教界に膾炙する「清貧論」や「豊かさの神学」などのような現象からもそれはうかがえる。これらの論点に共通するのは「富」は必死になって成すべき価値ではなく、すでに与えられたものであり、その与えられた富をいかに清く正しく活用するかを信仰の倫理にしようとする点である。先述した、「後発大型教会」という概念はこうした現象に対する解釈を前提にしている。所望教会はこのような韓国教会の流れには巻き込まれてはいない。教会の信徒たちはあまりに個人的であり家族主義的だからだ。他の信徒の身の上に関わりたくないように、韓国教会の危機に対してもあまり関心がないし、教会を代表する運動の先頭に立つようなことも彼らの関心事ではない。けれどもこの教会の信仰システムと多くの信徒たちが求めているものの中には、そうした改革の根本を形成するライフスタイルと信仰システム上の指向性が内包されている。

▼しかし所望教会はまだ

文章をまとめるために最初の論点に立ち戻ろう。所望教会で起きた暴力事件はただ一教会内の葛藤という次元を越えた問題を解釈するための糸口であると言った。今まで論じたように、所望教会はポスト民主化時代、あるいは消費社会的、後期資本主義時代における韓国社会の変動の文脈において中上流層的ウェルビーイング指向の保守主義登場の一様相を示している。ところで、所望教会は保守主義、親米主義、反共主義、成功主義、そして権威主義という点において通常のメガチャーチと別段変わらない。去年起った所望教会の主任牧師と副牧師間の暴力は、僕が見るに、まさにこれら二つの異なる価値が衝突した地点と正確に重なっている。

先述したように、この暴力事件の背後には現主任牧師と前主任牧師であり元老牧師という二人のリーダーの葛藤があるというのが一般的な推測だ。事実はそういった葛藤が構造的に背後で作用していたと見るのがさらに正確な表現であるだろう。前主任牧師であり元老牧師である人物は、教会創立時から韓国の代表的なメガチャーチと呼ばれる今に至るまでこの教会を導いたカリスマ的リーダーだ。先に説明したこの教会の信仰的な特徴の大部分はまさに彼が作り出したものだと言っても過言ではない。それだけに彼の影響力は絶対的だ。退任して8年を経た今も彼は相変らず背後で権力をふるっている。後任牧師はこの8年間、新たな長老を任命することがほぼできなかった。それは教会運営における自らの権力基盤を構築することができなかったことを意味している。

前主任牧師のカリスマ的リーダーシップは、多分に漏れず権力濫用をともなっていた。財政運営の不透明性が特に問題だった。一般的に知られた彼に関する情報は、彼がとてつもない資金動員能力を持っているという俗説と結びついている。そうした資金力の大部分は教会の公的な財政を恣意的に使ったと推測されてはいるが、それを知るすべはない。また非公式的資金形成についても問題があることに疑いの余地はない。このような資金運用上の便法は随所でこの教会のウェルビーイング的、先進化的信仰スタイルと衝突する。

現主任牧師はカリスマ的リーダーシップあふれるタイプではない。彼は前職の大学教授にふさわしく、学者風で啓蒙的教師に近いリーダーシップを発揮する。その点ではこの教会のもの静かでゆったりとした雰囲気、紳士的で倹約を旨とするスタイルにふさわしい。一方、前主任牧師は教会運営の多くの部分で倹約を強調しながらも、韓国に二台しかないと言われる高級スポーツカーで走り回り、多くの機密費を思いのままに使うというもう一つの姿を隠すことができなかった。要するに前主任牧師は、所望教会的ウェルビーイング指向の信仰制度を創造し、その信仰パターンを頑固なまでに運営することで大きな成功をもたらした張本人であるにもかかわらず、同時に彼自分は旧態依然たる独裁者型リーダーなのだ。一方、現主任牧師は独裁者の遺産をそっくりそのまま受け継いだが、性質上独裁者に似合わない。

実際、所望教会自体がそうなのだ。数万人の信徒を擁する教会だ。そしてこの教会における公式発言の主役は主任牧師ただ独りだけだ。この教会は他の教会にくらべてさらに典礼中心的であり、そこにさらなる安定感が強化されている。結婚式に見られるように礼拝は主任牧師一人が司式をし、礼拝に見られるように語るのは彼一人だ。主任牧師以外の人間が参加する場面は極めて制限されている。こうした点は典礼中心の宗教であるカトリックに近い。しかしこうした典礼中心性を貫徹する方式は、長年蓄積された時間の産物である制度に依存するカトリックとは異なり、独裁者的なカリスマ的リーダーによって創案されたのだった。こうして所望教会のモデルは教会に無関心な信徒大衆を前提にする時、初めて成立する。例えば「愛の教会」のように熱情的信徒層が多い教会とはまったく異なる信仰文化が必要となる。そして実際、所望教会の信徒層には無関心な大衆的な要素が強い。

問題は、カリスマ的リーダーが永遠に教会をまとめることはできないという点にある。つまり彼は引退しなければならなかったし、彼を絶対的に支持する息子に主任牧師の座を譲ることができず、後任は外部から呼ぶしかなかったのである。たとえ元老牧師として君臨し強大な影響力を相変らず持っているとしてもだ。後任はその性格上極めて所望教会的な人物だ。しかし同時に、所望教会のカリスマ的リーダーシップ体制には似つかわしくない人物でもある。このような構造的矛盾が所望教会の葛藤の背景になっている。興味深いことに、この教会において世間を騒がせるほどの暴力事件が起ったというのに、信徒たちはいかにも所望教会らしくおとなしくしている。

もしかしたら、時の経過がこのような葛藤、その矛盾的構造を次第に改善するのかもしれない。そうなれば、本当にウェルビーイングが制度化される一つの事例になることもあるだろう。もちろんそのためには、信徒たちがこれ以上無関心な傍観者であってはならない。民主化に大きく貢献した市民的主体のように、彼らが自尊的主体としての信徒にならなければならないだろう。こうして所望教会の実験が成功するならば、それはこの教会の保守主義が韓国キリスト教や韓国社会の保守主義の変化を善導する一つの事例になるかもしれない。

ところで最後に、こうした想像が憂鬱になるのは、所望教会を含む後発大型教会的信仰制度とその言説の中には「失敗に対する思いやり」が見えないという事実があるからだ。失敗に対する思いやりのない右派が自らの文化と言説を美しく装飾することに成功するなら、それは僕たちが「新しい怪物」、その醜い正体が隠蔽された「破滅的な誘惑」に正面から取り組み闘わなければならないことを意味してもいる。

あとがきに代えて：説教は預言であり批評である

説教作りに関する僕だけの話

▼説教のジレンマ

牧師にとって説教は最も負担の大きい仕事の一つに違いない。教会の主任牧師のほとんどは主日礼拝を他の誰かに任せたりはしない。それは鉄則に近いものだ。さらに水曜礼拝と金曜礼拝がある。毎朝の早天祈祷会がある。年に二度は信徒宅での礼拝がある。他にも結婚式や葬儀などあれやこれやの礼拝で毎日が埋まってしまう。

主日以外の説教は副牧師や伝道師に任せることもあるが、それにしても説教の回数は多すぎる。多くの牧師は原稿なしに説教に臨み、多くの場合は瞬発力に依存することになる。とはいえ、まったく準備しないというわけにはいかないものだ。こうして多くの牧師たちが他人の説教集を参考にしなければならなくなる。あちこちと頁をめくってはアイディアと例話を借り聖書解釈を抜粋する。こうした作業が総合されて一編の説教が作られる。キリスト教出版物の中で常に一定のセールスを確保しているのは説教集なのだ（信頼を失った「言葉の宗教」――韓国教会の説教の実態、参照）。

立派な説教をする人々は説教の回数を減らし、教会業務を減らす技術を身につけている。それでも月に四回は多すぎるくらいだ。説教家として有名になれば、信徒は説教ノートを作り録音や録画を繰り返し聞くことになる。さらにはインターネットで無差別的に公開されるとなれば、いかに仕事を減らしたとしても一週間、一日中、ひたすら説教準備に没頭せざるを得ないだろう。それでも聴衆の感嘆の声を呼ぶような説教を行う人々がいる。彼らは本当にとてつもない筆力と思考力、そして、疲れきった体と魂からでも精神の喜びが溢れ出るような成熟した人格の持ち主なのである。

公にものを書くようになって二十年ほど経った今も、十分な筆力も知力も持ち合わせていない僕にとって説教は不可能に近い仕事だ。牧師として教会をまかされた八年間、月に三回の説教をした。四回したことは数えるほどでしかない。しかも、牧会から退いた今、月に一度、文章を通じて説教をしている程度だから、牧師たちの苦労を代弁して何かを書く資格は僕にはない。とはいえ、一人の説教者として二十年を経てきたからにはそれなりの説教観は持っている。説教作りに関する僕だけの話をすることはできると思う。

▼おしゃべりとしての「御心《みこころ》＋分かち合い」

まずは、僕が説教をしている教会の話から始めよう。ここで初めて説教をしたのは

1988年だった。だから、ここが20年以上もの間、僕の説教観とスタイルを作り上げる土壌となった。そのうち6年間は補助者であり、8年間は主任牧会者だった。牧師職を辞した後、2012年10月現在までの10年間は一信徒として教会に参加しながら、月に1回の説教を担当している。

この教会では「説教」という言葉の代わりに「御心の分かち合い」という言葉を使っている。これにはそれなりに神学的主張がある。ポイントは「御心＋分かち合い」というところにある。

伝統的に「御心」は「宣布する」、あるいは「広める」などの言葉と組み合わされ、「御心＋宣布」「御心＋広げる」でなければならない。「宣布する、広げる」という言葉が示す通り、それが人々に伝達される経路は一方向的であり下降的だ。このとき宣布する者が説教の中心にいるのはもちろんのことだ。聴衆は受動的にこれを聞く。彼らに与えられた自由は伝えられた内容を受け入れるかどうかだけだ。一方向的、下降的垂直的な神の言葉は絶対不変の言葉である。その言葉の意味はすでに決定されており、説教者を通じて人々に伝えられる。人々はそれを受け入れるか拒絶するかの選択をしなければならない。

伝統的な説教学によれば宣布の主体は神であり、宣布者すなわち説教者は神の言葉を代弁するにすぎない。したがって説教学的に次のような命題が生まれてくる。「説教者は説教の瞬間神の言葉を語っている」。西洋の宗教改革期に作られた考えにより、説教者はまさに説教の瞬間、役割上神の代理者となるのだ。

著者が所属する漢白《ハンベク》教会の礼拝。この日は主題をもとに討論が行われた。

一方「分かち合い」と結びついた「御心」はまったく異なる方法で人々と結び合わされる。「分かつ」、つまり水平的な方式で神と人間それぞれの思いが通わされる。またその内容はすでに決定された意味として伝えられるのではなく、分かち合われることで形成される天の意思である。神と人間、人間と人間、人間と事物の分かち合い、すなわち対話の過程において「御心」が作り出されるということだ。

こうした神学はこの教会だけの独特な説教制度を作り出した。説教者の語りが終わると礼拝はすぐに「対話集会」へと移る。つまりこの教会の「御心の分かち合い」は「説教＋対話による分かち合い」によって構成されている。

これは長い実験を経て多くの試行錯誤の末に形成されたスタイルだ。誰もが説教を聞いたすぐあとに対話に移行することには不慣れだった。礼拝が終わってから討論するとか、始めから複数の説教者によるグループ説教をしながら討論するとか、あらかじめテーマを決めておいて論じ合うなど、さまざまな試みを行ってきた。その結果たどり着いたのが今のような「おしゃべり」だった。主題にしたがって対話をするのではなく、説教の中から見出した話題をきっかけに分かち合う方法だ。テーマがある時も無い時もあった。ある時は説教者が投げかけたテーマを中心に対話が進んだし、ある時は説教とは異なる言葉を素材に自分のことを語ったりもした。みんなが相槌を打つ時もあれば、発言が無ければ自分が感じたことを語ったりもした。形式と内容に関する制約を最小限にしたので話題が多様になった。けれどもこの時間、人々は説教者が語る言葉を聞き、他の誰かが語る言葉を聞く。そしてじっくりと思いを巡らし自分の言葉を語る。ある時は対話を独占しようとする人物もいた。そこで「御心の分かち合い」のための司会者を置くようになった。礼拝の司会者とは別にである。司会者は特定の人が話を独占しないように工夫し、対話が途切れた時は促す役割を担う。この司会はひと月ごとに皆が順番に担当することにした。

ある時は、試験的な礼拝企画によって信徒たちが話しやすいように礼拝堂の構造を変えた。一種のカフェを作ってみたのだ。何人かで囲んで座るようにテーブルを配置し、飲み物と菓子などを置き、静かな音楽を流した。このとき説教者と聴衆という役割分担は無くなる。おしゃべりのための素材として簡単な言葉、歌、あるいは映像が提供されるだけだ。またある時は、何人かの代表がパネルのように対話をし、聴衆がそれに混ざって話が進んで行くこともあった。どの場合も、このようなやり取りの中で御心が互いに分かち合われるという信仰が無意識的に表現されている。

ここで一言加えれば、この教会の対話の中には葛藤も含まれている。それは次第に顔を紅潮させるところから始まるのだが、時には説教者が傷ついてしまいこれ以上語ることができないと思わされるような場合もあった。しかし驚くべきことは、そうした耐え難いような出来事が起こると、予想外に信徒の中から事態を収集し葛藤する当事者たちの傷を癒すような人物が現れる、という事実だ。ある人は傷ついた当事者を両腕で抱きしめて慰めた。またある時は、説教者の言葉で傷つき混乱に陥った人が個人的に説教者を訪ねて心情を吐露したりもした。これは十分な対話によって互いをより良く理解し、互いの言葉を聞きつつ自分の考えの幅を広げる機会でもあった。こうしてこの教会の「御心の分かち合い」の対話は礼拝の中だけでなく、礼拝後にも生じた。このような過程において御心が互いの中に形成されて行くのである。

こうして説教者の言葉をきっかけに自由なおしゃべりをする過程で一人一人が自己省察に至る、それがまさに御心、この教会が語る説教の神学によればということだ。「御心」は下ってくるのではない。それは相手の言葉を聞く「過程」であり、その言葉に自分の言葉を混ぜ合わせる「過程」であり、それによって自己自身を省察する「過程」である。こうして一人一人が対話を通して「御心」を発見する「過程」が、まさに「御心」なのである。

「御心」、つまり「天の意思」は咸錫憲《ハムソクホン》の用語に影響を受けたものだ。彼は歴史の現実の中に内在する神の形象を「意思」と呼んだ。それは歴史の運動とともに存在し、歴史の中で人々が神を見出す過程、言い換えれば、一人一人が歴史という場において神と対話する過程である。瞬間ごとに、そして歴史が変化する度ごとにその意思は変貌し、その変貌の中で神と人間との新たな出会いが生じるのである。意思は現実の外部から下ってくる固定不変の何ものかではなく、歴史の過程において歴史に参与する人々とともに分かち合われ作り上げられる天の形象としての「意思」であるという。まさにこうした「意思」の意味が、僕の思いとしては、この教会の「御心」という言葉の中に込められているのだ。

ところでこのように説教を一方的な語りではなく、語り聞き、そして聞いて語る作業が交差する作業であるとすれば、これ以上、説教者は特別な人間である理由が無い。ゆえに説教者は説教を語る瞬間に神の言葉を代弁するのだとか、説教者がその瞬間神の姿になるというような主張も必要が無い。

一般的な説教学ではこうした主張を補うために説教者の「召命」を強調する。ここでいう召命とは主観的な精神作用に他ならない。それは原理上召命の主体である神とその対象である特定の人間の間で生じる内密な関係の結果でしかないからだ。したがって召命は他の何らかの要素によって保証される必要がある。まさに説教者に「客観的資格」が付与されなければならないのだ。プロテスタント教会において説教は牧師固有の権限だ。例外的な状況でない限り他の誰かが説教者になることはできない。そして教団ごとに多少の違いはあっても、牧師になるためには神学大学院を出なければならず、牧師資格試験に合格しなければならず、一定期間の牧会現場経験を積まなければならず、最後にその人を牧師として受け入れる教会の「招聘」が無ければならない。ところでここには論理上の葛藤がある。召命という主観的精神作用と牧師となる客観的資格条件の間にはいかなる必然的関係も無いからだ。それでも実際には後者が前者に取って代わる。こうして牧師となった人間は説教をした瞬間自分の言葉が神の言葉となるという神学的主張を意識しつつ説教にあたる。けれどもこうした矛盾を内包した論理ならぬ論理は神学的主張というよりも「神学的強弁」に近い。

一方、御心の分ち合いとしての説教論は特化された者だけが引き受ける説教ではなく、誰にでも開かれた説教を志向している。誰でも説教者になることができる。僕が説教者として参与している教会では何名かが順番に説教を担当する。その中には牧師もいればそうでない人もおり、集団で説教を行う場合もある。そしていつでも説教のあとには対話による分かち合いが生じる。もちろん説教者の資格はすべての人に開かれてはいるが、たいていの場合、共同体が同意する人々が説教者として選任される。牧師であるかどうかではなく、大衆がその人の言葉を傾聴することができるかどうかが暗黙の資格条件となっている。

この教会では三名から五名が定期的に説教者となり（毎月、隔月など）、彼らの説教周期は主任牧師が礼拝委員会や説教者たちと協議して調整する。そしてそれら定期的に担当する説教者の他に、ごくまれに説教を担当するメンバーもおり、信徒の組織が自発的に企画して行う説教も年単位で決められている。その場合はたいてい集団説教かパフォーマンス形式で行われる。したがってこの教会では説教はうまく分担されており、誰も過重な説教準備の重荷を背負わされてはいない。おそらくこのことが説教にとってたいへん重要なことに違いない。突出した思考力や筆力を持った「スーパーヒューマン」ではなくても、説教者として十分に考え、自分なりに深く研究し、信徒と信徒、信徒と神との対話の分かち合いの過程にきっかけを提供する説教の言葉を構成する機会を持つことができるからだ。

▼説教は批評であり、そして批評されなければならない

説教を準備する上で大切なことの一点目は「今ここ」で語るという現場性であり、第二の点は「聖書読解」だ。そして最後に重要なことは現場の大衆に投げかける論点の側面だ。論点は、聴衆にとって不都合な真実あるいはなじみの無い真実を通して説得するような場合に現れてくる。もちろんすべての説教はいつでもどこでもそうでなければならないというのではない。時には慰めが必要であり、悲しみを共感し怒りを共有することも必要だろう。けれども同時に説教は人々にとってなじみが無く不都合な真実との出会いによって聞き手を錯乱させ、あるいは反感を呼び起こさなければならない。そうすることで凝り固まった思考の枠組みを混乱させる必要がある。解釈とは自明な真実に没入することではなく異なる思考も可能であるという重層的な現実に直面する作業なのだ。

そのような意味で説教の言葉／文字は神学的に「預言」であり、文芸学的に「批評」でもある。語り手は「今ここ」で起こっている事件について語るのだが、その事件について当然そうだと考えるストーリーラインをはぐらかしながら、その言説において語られてい

ない言葉を見つけ出し、あるいは語ってはいても隠蔽されている声を聞き出すことになる。こうすることで聞く人々の考えを発展させ省察へと導くこと、これがまさに預言あるいは批評としての説教である。

一般的に人々はこれとは異なる点で説教に不都合さを感じている。それは、説教が預言であり批評であるからではなく、聞き取れない声、意味の無い言葉として、現場性も真実性もない空虚な声として響いているからだ。また新たな考えを呼び覚ましてくれるよりも自分の考えを消し去るような言葉でもあるからだ。一般的な対話の中で「おまえ説教しているのか」と言えば、そこには何の愛情も真実も無い「ありがたい言葉」という意味になる。事実、教会における多くの説教はその通りなのだ。

責任は牧師たちにある。と同時にそんな説教に共鳴する教会と信徒にも責任がある。こうした悪い慣行から抜け出すための一つの方策がある。それは「説教が批評であるごとく、説教も批評されなければならない」ということだ。それは、僕が知っている、韓国教会が改革されるための一つの方策でもある。

訳者あとがき

本書は、金鎮虎《キムジンホ》著『市民K、教会を出る――韓国プロテスタントの成功と失敗、その欲望の社会学』（玄岩社《ヒョンアム》、２０１２年）の全訳である。２０１３年2月から『福音と世界』誌に連載された訳文を見直し、著者の希望によって原著にはない「キリスト教右派と新貴族主義」を加えた。原著は『ハンギョレ21』の連載「神々の社会」（２０１０年9月から翌年11月）をまとめたものである。連載開始直後、金鎮虎さんのもとには十社以上から単行本化の誘いがあったという。まさに時代が求める作品といえるだろう。「教会を出る」と訳した原語は、「教会に出席する」「教会から出て行く」という相反するニュアンスを含む独特な韓国語であり、著者は意図的にこの表現を使っている。

日本の教界には韓国のキリスト教に対する羨望、規模や財力、熱心な信仰や社会活動に対する羨望とある種の神話化がある。本書によってリアルな韓国教会と出会っていただければと思う。「純福音教会」に代表される量的成長を論じた作品は多いが、植民地支配と南北分断の歴史を踏まえ、政治権力から人々の心の動きにいたるまで社会全体を視野に入れながらプロテスタントの急成長と衰退を論じた作品は他に類がない。昨今厳しい批判にさらされている教会の醜態を隠すことなく切開する手法は、教会改革を担おうとする誠実な神学者、教職者としての強い責任に基づいている。著者が懐に隠す分析のツールは神学に限らず実に多岐に及んでいる。民主化運動を冷静にとらえ初期祈祷院運動を再評価する立ち位置は著者独特の第三世代的民衆神学といえるだろう。日本では漠然としか知られていない韓国プロテスタント教会史の一端に触れるだけでも読者の期待に応えられるのではないかと信じている。

民衆神学の提唱者の一人、安炳茂《アンビョンム》の最後の弟子の一人でもある金鎮虎さんは、「史的イエス」研究を皮切りに、フーコーやデリダなどの現代哲学にも目を配りながら市民社会におけるキリスト教の可能性と民衆神学の新たな展開を試みている。「過去の神学」と評されがちな安炳茂の再読を提唱し、去年は安炳茂研究の英文論集の企画編集にも携わった。難解な筆致で知られる一方、一般読者向けの神学的評論を多く発表してきた彼は、大学や学会といったアカデミズムとは距離を置く「在野の神学者」だ。神学者が著述家として一定の読者を得て活動できるのは韓国の教界規模と無関係ではないだろうが、既存の権威に依拠せず教会と神学を批判的かつ創造的に論じる作品が共感を呼ぶ土壌が、韓国には確かにあるのだ。

日本の現代史の中で教会と「市民J」を論じたい衝動に駆られつつ、本書が注目する積極的な「小さな教会」の可能性を、日本の「大きくなれない小教会」はどう受け止めればいいのだろうかと考えさせられながら、楽しく翻訳を進めた。金鎮虎さんは独特な語り口で読者を引きつける魔術を持つ。翻訳によって原著の魅力をそいでしまったことを申し訳なく思うが、大胆な言葉の置き換えをためらわずに新しい作品に仕上げようと思えたのは、彼の温厚で謙虚な人柄に甘えさせていただいた結果でもある。

今回の翻訳出版に際し、韓国出版界の名門である玄岩社が寛大な姿勢を示してくださったことを記して感謝したい。民衆神学をいち早く日本に紹介してきた『福音と世界』と新教出版社が日本語版を引き受けてくださったことは意義深く、訳者としては光栄である。社長の小林望さんに心から感謝したい。日本の読者との心の対話を楽しみにしている金鎮虎さん、そして『福音と世界』連載時の編集者であり訳出の意義をいちはやく認めてくださった深谷有基さんとともに本訳書の出版を喜びたい。

2015年1月　千住基督教会にて

香山洋人

著者　金鎮虎（キム・ジンホ）

民衆神学第三世代に属する研究者。韓国神学研究所研究員、漢白（ハンベク）教会牧師、季刊『当代批評』主幹などを歴任。日刊『ハンギョレ新聞』、週刊『ハンギョレ21』のコラムニストとして活動。現在は「第三時代キリスト教研究所」研究室長。文筆活動と多くの著作を通して宗教における人権確立に寄与したことにより「第2回、宗教自由人権賞」(2011) 受賞。主著に『イエス歴史学』(2000)、『反神学の微笑』(2001)、『急進的自由主義者たち』(2009)、『リブーティングパウロ』(2013) 他、著書論文多数。。

訳者　香山洋人（かやま・ひろと）

日本聖公会東京教区司祭。東海大学、聖公会神学院、聖公会大学校神学専門大学院で学ぶ。「第1回、安炳茂記念心園論文賞」(2000) 受賞。共著に、『安炳茂神学思想の脈1』(2003)、『公共性の倫理と平和』(2005)、『東北アジアにおいて聖公会であること』(2008) 他、論文多数。

市民K、教会を出る

韓国プロテスタントの成功と失敗、その欲望の社会学

2015年2月25日　第1版第1刷発行

著　者……金　鎮虎
訳　者……香山洋人

発行者……小林　望
発行所……株式会社新教出版社
〒162-0814 東京都新宿区新小川町 9-1
電話（代表）03 (3260) 6148
振替 00180-1-9991

印刷・製本……株式会社カシヨ

ISBN 978-4-400-40735-5　C1016　2015 ©